Richard Kirchlechner, Heinrich Schneider

Sammsurium – Wortspiele, Witze, Weisheiten

Buch

»Sammsurium« beschäftigt sich mit dem Thema Sprache in vielerlei Variationen, wie Wortspielen, Anagrammen, Palindromen, Schüttelreimen, Versprechern und Zungenbrechern. Viele Witze, auch für Kinder, haben oftmals überraschende Pointen. Hunderte von Sprüchen und nicht immer ganz ernst zu nehmende Weisheiten sollen dem Leser Spaß bereiten. Mehr als 300 Abbildungen sorgen für Abwechslung und Heiterkeit.

Während ich, Richard Kirchlechner, bei den vorhergehenden Büchern »Kunterbuntes« (2005, Neuauflage 2013), »Kuntersurium« (2008) und »Kuriosurium« (2010) der alleinige Autor war, gibt es bei diesem Buch einen Koautor.

Im Oktober 2011 erreichte mich überraschend ein Brief aus Wien, in welchem mir ein Dr. Heinrich Schneider seine Wortspielereien anbot, nachdem er durch meine Bücher auf mich aufmerksam geworden war. Ich bekundete mein Interesse, und so erhielt ich seit damals jeden Monat eine E-Mail mit seinen Kreationen.

Lassen Sie sich überraschen, was diesem Mann alles eingefallen ist, und das nicht nur in Deutsch, sondern auch in Englisch, Französisch und Italienisch. Vermutlich geht es Ihnen wie mir, dass man manchmal seine grauen Zellen doch ziemlich aktivieren muss, um hinter die Pointe zu kommen. Auch seine 18 Denkaufgaben sind schon sehr „knifflig."

1956 war Heinrich Schneider auf der »Andrea Doria«, als diese vor New York mit einem anderen Schiff kollidierte. Lesen Sie dazu die beiden letzten Seiten dieses Buches.

Abschließend gilt auch bei diesem Buch der Grundsatz, den Leser von Anfang bis Ende auf einem gewissen Niveau kurzweilig, interessant und humorvoll zu unterhalten.

Autoren

Dr. Richard Kirchlechner wurde 1940 in Rott am Inn geboren. Nach dem Abitur in Rosenheim studierte er Chemie an der Technischen Universität München. Nach mehr als einem Jahrzehnt in der pharmazeutischen Forschung der Merck AG in Darmstadt wechselte er zu einer Tochterfirma von Merck in Hohenbrunn bei München, wurde Produktmanager und später Vertriebsleiter weltweit für Laborchemikalien.

Er lebt seit langem wieder in Rott am Inn, 2003 hat er die Chronik dieses Ortes als Buch verfasst und 2007 eine »Haus- und Familiengeschichte« des Ortes herausgegeben. Seit langer Zeit sammelt er Wortspiele, Reime und Sprüche, die er in den Büchern »Kunterbuntes«, »Kuntersurium« und »Kuriosurium« im eigenen Verlag vorgestellt hat.

2011 erschien sein Buch »Radln dama« mit der Beschreibung von 10.000 km Radtouren im Ruhestand in Europa.

Dr. Heinrich Schneider wurde 1931 in Wien geboren und studierte nach der Matura an der Uni Wien Mathematik, Physik, Psychologie und Philosophie, und promovierte zum Dr. phil (Physik). Es folgten Lehramtsprüfungen in Mathematik und Physik. 1956 war er als Austauschstudent unterwegs, und wurde von der sinkenden Andrea Doria gerettet.

Fast sein gesamtes Berufsleben war er als entsandter Lehrer im Ausland, und zwar an der Ohio State University, USA, an der Far Eastern University Manila, Philippinen, und an den Deutschen Schulen in Brüssel, Istanbul und Mailand.

Neben einer Reihe von Veröffentlichungen zur Schulmathematik hat er gemeinsam mit Magister Manfred Floderer zwei Bücher über Gehirnjogging im Österreichischen Bundesverlag herausgegeben.

1. Auflage 2013

ISBN: 978-3-940546-05-0

Verlag: Auro-Verlag,
                  D-83543 Rott
                  Leitenweg 7 b
                  Tel. 08039-3691
                  Fax: 08039-3691
E-Mail Verlag: r.kirchlechner@t-online.de

Layout: Dr. Richard Kirchlechner
Umschlag: Manuela Ostadal, München
Druck/Bindung: Printsystem GmbH, 71296 Heimsheim
Printed in Germany

Richard Kirchlechner, Heinrich Schneider

Sammsurium

Es war einmal ein braver Hai, der fraß statt Menschen Haferbrei.

WORTSPIELE
WITZE
WEISHEITEN

Inhaltsverzeichnis

I.Teil R. Kirchlechner – Wortspiele, Witze, Weisheiten

II. Teil H. Schneider – Weisheiten, Sprüche, Synonyme

I. Teil - Richard Kirchlechner

Wortspiele, Witze, Weisheiten

Wortrekorde

Die längsten deutschen Wörter
»Donaudampfschifffahrtselektrizitätenhauptbetriebswerk-
bauunterbeamtengesellschaft« mit 80 Buchstaben hat es sogar in das »Guinness-Buch der Rekorde« geschafft.

Es handelt sich dabei natürlich um ein Kunstwort, wie auch
bei allen folgenden Wörtern dieser Art.

„Donaudampfschifffahrtskapitänswitwenversicherungspo-
licenvermittlerprovisionsvorsteuerabzugsberechtigungsklau-
sel" hat 111 Buchstaben.

„Elbedampfschifffahrtsaktiengesellschaftskapitänswitwen-
rentenversicherungsanstaltssachbearbeitungsgremiumsvor-
sitzender" steht im Guinness-Buch 1996 mit 116 Buchstaben.

7

Dieser Wortbandwurm stammt von Margit Hegenbarth und wurde durch die Gesellschaft für deutsche Sprache anerkannt. Ersetzt man das Wort Elbe durch Oberdonau, kommt man sogar auf 120 Buchstaben.

Nach diesen Kunstwörtern nun zu „echten" Wörtern.

»Rindfleischetikettierungsüberwachungsaufgabenübertragungsgesetz« (RflEttÜAÜG) mit 63 Buchstaben war 1999 im Bundesland Mecklenburg-Vorpommern Teil eines Gesetzesvorhabens.

»Luftlandefernmeldebataillonskasernenheeresflugplatzkommandantur« mit 64 Buchstaben steht in einer Bundeswehrdienstvorschrift.

»Verbraucherschutzdurchsetzungsgesetzermächtigungsübertragungsverordnung« (VSchDGErÜbV) von 2006 ist zur Zeit der Rekordhalter mit 71 Buchstaben.

»Unkameradschaftlichkeit« ist das längste Wort, das nicht aus verschiedenen Wörtern zusammengesetzt ist, und hat 23 Buchstaben.

Den längsten Vornamen
hat Scott Roaul Sör-Lökken aus Missoula (USA) seiner Tochter S. Ellen Georgianna Sör-Lökken (* 1979) verpasst: dieser umfasst 622 Buchstaben. Das S. ist die Abkürzung eines 598 Buchstaben zählenden Namens.

Der längste Name,
der je in einem Geburtsregister eingetragen wurde, lautet: Rhosnaniatellyneshiaunneveshenk Koyaanfsquatsiuty.

Diesen Namen gab James L. Willliams aus Beaumont, Texas (USA), seiner am 12. September 1984 geborenen Tochter.

Die meisten Vornamen,
nämlich 2310, nimmt Laurence Watkins (*1965) aus Auckland (Neuseeland) in Anspruch. John und Margaret Neldson aus Chesterfield (GB) gaben ihrem vierten Kind, das am 13. Dezember 1985 geboren wurde, 140 Vornamen.

Abkürzungen

Über die folgenden Rekorde bei Abkürzungen kann man sich nur wundern, wie kommt man auf solche Bandwürmer?

ADCOMSUBORDCOMPHIBSPAC ist eine amerikanische Abkürzung und bedeutet in der US-Marine: „Administrative Command, Amphibious Forces, Pacific Fleet Subordinate Command."

Eine andere Abkürzung, PUMCODOXPURSACOMLOPAR, steht für „Pulsemodulated coherent Doppler-effect, X-band pulse-repetition, synthetic-array, pulse compression lobe planar array."

COMSUBCOMNELMCOMHEaDSUPPACT mit 25 Buchstaben bedeutet "Commander, Subordinate Command, U.S. Naval Forces Eastern Atlantic and Mediterranean, Commander Headquarters Support Activities."

Jedoch die längste Abkürzung laut Guinness Buch der Rekorde ist NIIOMTPLABOPARMBETZHELBETRABSBOMO-NIMONKONOTDTEKHSTROMONT.

Es handelt sich um 56 Buchstaben hintereinander, und laut Lexikon der Russischen Terminologie bedeutet die Abkürzung in etwa: Laboratorium für Verstärkung von Beton und Stahlbeton für monolithische Verbundwerkstoffe und Konstruktionen des Departments für Technologie des Wissenschaftlichen Forschungsinstitutes der Organisation für Gebäudeerstellung und Technische Hilfe der Akademie für Bauwesen und Architektur der USSR.

Akzente

Die ungarischen Wörter újjáépítéséről (Rekonstruktion) und újjáválaszthatóságáról (Wiederwahl) haben sieben Akzente. Wörter mit fünf Akzenten sind hétérogénéité (Französisch für Heterogenität) und Héréhérétué (ein Atoll im Pazifik bei Tahiti). Im Ungarischen gibt es den folgenden Ausdruck mit sämtlichen gebräuchlichen Akzenten: árvíztürö tükörfúrógép (ein Messgerät).

Wörter mit mehrfach vorkommenden Buchstaben

Welche Wörter mit sechs Buchstaben haben einen Buchstaben einmal, einen Buchstaben zweimal und einen Buchstaben dreimal? Gefunden wurden Pippin, Tattoo, Reeder. Vielleicht finden Sie noch weitere? Chincherinchee ist eine mehr als einen Meter hohe krautige Zwiebelpflanze mit folgender Namensbesonderheit: sie hat einen Buchstaben einmal, zwei Buchstaben zweimal und drei Buchstaben dreimal.

Wörter mit alternierenden Vokalen und Konsonanten

HONORIFICABILITUDINITATIBUS ist das längste Wort, das nur aus sich laufend abwechselnden Konsonanten und Vokalen besteht. Es ist ein mittellateinisches Wort, das William Shakespeare in seiner Komödie „Verlorene Liebesmüh" verwendete und das in der Folge in der englischsprachigen Welt eine gewisse Berühmtheit erlangt hat.

GORAN IVANESEVIC (ein bekannter Tennisspieler) ist der längste Name eines Prominenten mit abwechselnden Konsonanten und Vokalen, UNITED ARAB EMIRATES der längste Namen eines Landes. Ebenfalls aus der Geographie stammen GULEMALAMALALANA und REBUREBUSIWASIWA (beides Orte in Papua Neuguinea), KAWAKAWAMALAMALA (ein Fluss auf Fiji) und PROMYSELIMENI NARIMA-

10

NOVA (ein Dorf in Aserbeidschan). In Japan gibt es die Orte KAKINOKIZAKA (Distrikt in Meguro, Tokyo), KASUMIGASEKI (Distrikt in Chiyoda, Tokyo), und TAKADANOBABA (Distrikt in Shinjuku, Tokyo).

TARAMASALATA (ein griechischer Salat) und GALATASARAY (türkischer Fußballklub) haben als Vokale nur ein A, OCONOMOWOC (eine Stadt in Wisconsin) nur ein O.

Kein Fremdwort ist die EHEBERATERIN, und das längste derartige Wort im Duden ist ALAMODELITERATUR, die Literatur des 17. Jahrhunderts in Deutschland im gekünstelten Stil der herrschenden französischen Mode.

Mehrfache Buchstabenpaare
Wie bereits in „Kuriosurium" erwähnt, erreichte Jörg Knappen aus Saarbrücken den Spitzenwert von sieben Dopplungen mit »Moosseeaalleerraub«.

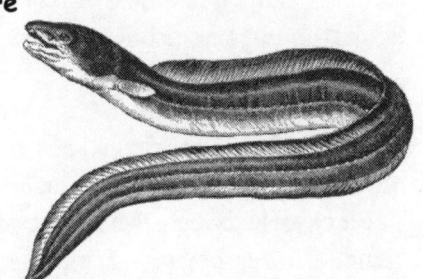

Im Moossee kommen Aale vor, die Moosseeaale. Der Bestand ist durch Leerfischung bedroht, die Moosseeaalleerfischung macht Schlagzeilen. Da es sich um illegale Raubfischer handelt, spricht man auch vom Moosseeaalleerraub.

Im Englischen gibt es ein ähnliches, konstruiertes Beispiel mit ebenfalls sieben Dopplungen von einem Bo Parker.

An einem Staudamm ist ein Fluttor, eine flooddoor. Im Kontrollraum daneben, dem Flooddoorroom, findet ein Meeting (Treffen) statt, das „Flooddoorroommeeting."

Im Finnischen sind solche Dopplungen sehr gebräuchlich, zum Beispiel LAPPEELLAAN (Wohnung), LIIKKEESSÄ (Bewegung) und PUUTTEELLINEN (fehlerhaft).

Mehrere Buchstaben alphabetisch hintereinander

Mit abc gibt es das Wort **abc**hecken und **Abc**hasien, eine kleine Republik am Schwarzen Meer. Bei den weiteren Kombinationen von drei Buchstaben finden wir **Afgh**anistan, **Aligh**ieri, Tra**ghi**mmel, Fu**dsch**ijama, Ate**mno**t, Trau**mno**te, Mo**nop**ol, Bauer**nop**fer, **Nop**pe, To**pqu**alität, Du**rst**, e**rst**, St**uhl**, **Stun**de, T**uvu**lu, l**uvw**ärts.

Weitere Besonderheiten

AOTEAROA, der Maori-Name für Neuseeland mit der Bedeutung "Land der langen weißen Wolke" hat sieben Silben bei nur acht Buchstaben. PIERRE, Hauptstadt von Süddakota ist der einzige Name einer US-Hauptstadt, die keinen Buchstaben gemeinsam mit dem Namen ihres Staates hat.

Wortreime

Diese Wörter stammen aus dem Englischen, die meisten davon sind aber inzwischen auch bei uns gut bekannt:

Blackjack, boogie-woogie, brain drain, downtown, dream team, flower power, freight rate, hocus-pocus, honey-bunny, hully-gully, Humpty Dumpty, itsy-bitsy, jet set, Meals on Wheels, night flight, Pall Mall, picnic, Rikki-Tikki-Tavi, teeny-weeny, walkie-talkie.

Wörter mit vielen i-Punkten und Umlauten

Beijing (Peking) hat drei i-Punkte hintereinander, andere derartige Wörter sind Fiji, Ujiji (wo Stanley 1871 Livingstone fand) und Pijijiapan, ein Ort in Mexiko. Der Name kommt aus dem Nahuatl und bedeutet „Platz der Vögel".

Das ungarische Wort jöjjön („er sollte kommen") hat 7 Punkte, und fast unglaublich, das finnische Wort pääjääjää (in etwa „der Ausdauerndste") 14 Punkte hintereinander.

Das Wort mit den meisten Schreibweisen

Arabische Bekleidung wird mit den verschiedensten Begriffen bezeichnet, die sich je nach Region unterscheiden. Das gerade und meist untaillierte Kleidungsstück wird als Jilbab (Jelbab), Kaftan, Dishdash oder Galabeya bezeichnet. Für Galabeya gibt es noch folgende Schreibweisen:

Galabiya, Jalabiya, Gallabeah, Gallabia, Gallabiah, Gallabieh, Gallabiya, Gallabiyah, Gallabiyeh, Galabea, Galabeah, Galabia, Galabiah, Galabieh, Galabiya, Galabiyah, Galabiyeh, Djellabah, Jellaba, Djallabea, Jalaba und Djelaba. 23 verschiedene Schreibweisen, das ist rekordverdächtig.

Wortwiederholungen

Tañgan-tañgan ist eine Ölpflanze, Strumstrum ein zitherartiges Musikinstrument der Indianer; es besteht aus einem großen zerschnittenen Kürbis, in welchem ein Brett befestigt ist und worauf Saiten gezogen werden. Cadang-Cadang, eine Viruserkrankung der Palmen, richtet beträchtlichen wirtschaftlichen Schaden an.

Mit acht Buchstaben gibt es Agar Agar, Sing Sing, Piripiri, Beriberi (eine Mangelkrankheit), mit sechs Buchstaben Dumdum, Tartar, Mau Mau, Tamtam und andere. Aus der Geographie kennen wir Baden-Baden, Bora Bora, Pago Pago.

Es gibt viele wissenschaftliche Namen, bei welchen Genus und Spezies gleich sind, man nennt sie Tautonyme.

Der kürzeste ist Loa loa (ein Nematodenwurm), lange Bezeichnungen sind Coccothraustes coccothraustes (Kernbeißer) und Xanthocephalus xanthocephalus (Gelbkopfamsel). Manche haben einen dritten gleichen Namen für die Subspezies, z. B. Bufo bufo bufo (europ. Kröte) und Naja naja naja (Sri Lanka Kobra) bis Crossoptilon crossoptilon crossoptilon (Weißohrfasan). Der nordamerikanische Bison ist Bison (Bison) bison bison, also viermal der gleiche Namen.

Wörter, die man aus chemischen Symbolen bilden kann
BOGeN (Bor + Sauerstoff + Germanium + Stickstoff), AuGe (Gold + Germanium), LaUGe (Lanthan + Uran + Germanium), HIrSe (Wasserstoff + Iridium + Selen), KNOTeN (Kalium + Stickstoff + Sauerstoff + Tellur + Stickstoff).

HYPoThAlAmICoHYPoPHYSeAlS ist das längste englische Wort, das man aus den chemischen Symbolen der Elemente bilden kann. Weitere (englische) Wörter heißen:

NONRePReSeNTaTiONALIISmS, BrONCHOEsOPHAgO-SCOPIEs, ThErMoPHOSPHOReSCeNCe, HYPSIBraCHYCePH-ALISm, HYPErPHOSPHOReSCeNCe, SUPErCoNdUCTiVITi-Es, PARaPrOFeSSiONaLS und SUPErSOPHISTiCaTe.

Ortsnamen ohne Buchstabenwiederholungen
Lange Ortsnamen ohne Wiederholungen von Buchstaben sind Gumpoldskirchen, Madritschengupf und Strichwandkogel in Österreich, Malitschkendorf in Deutschland und Bricklehampton in England. Außerdem Bridgehampton (NY), Morichelypuszta (Ungarn), Fjordhungzkvisl (Island), Hondeblafspruit (Südafrika), Djupbacksholmen (Schweden) und South Cambridge (NY).

Wörter nur aus Vokalen
Aeaea war die Insel der Zauberin Circe, der Rio Aauaua ist ein Strom in Brasilien, Eiao ist die größte Insel der Marquesas-Inseln im Pazifik, Iouea eine Klasse fossiler Schwämme und das kürzeste Wort mit allen Vokalen überhaupt.

Wörter mit vielen Vokalen

Ouaouaron ist ein amerikanischer Ochsenfrosch mit sieben Vokalen und nur zwei Konsonanten. Ijouaououene ist ein Berg in Marokko und hat acht aufeinanderfolgende Vokale.

Die Stadt Cauaiauaia befindet sich in Angola, hier folgen sogar neun Vokale aufeinander. Rehuíaos ist ein spanisches Wort und bedeutet „vermieden". Nachdem das „h" nicht ausgesprochen wird, hat es fünf hintereinander ausgesprochene Vokale. Aiuole sind die Blumenbeete in Italien, das Wort hat alle Vokale und nur einen Konsonanten.

Wörter nur aus Konsonanten

Die Insel Krk in Kroatien ist wohlbekannt, Llwchwr ist ein Distrikt in Wales. „Strc prst skrz krk" heißt in Tschechien „Steck deinen Finger in den Hals".

„Bydd y cyllyll yn y cwpwrdd wrth y bwrdd" bedeutet in Wales „Die Messer sind im Schrank neben dem Tisch" (der Satz enthält jedoch mehrfach den Halbvokal „y").

Lange Wörter mit nur einem Vokal

(Du) schrumpfst, schwimmst, Strumpf.

Wörter mit Symmetrie

Horizontal achsensymmetrisch sind alle Wörter, die aus den Buchstaben B, C, D, E, H, I, K und O bestehen.

Legt man eine waagrechte Linie durch diese Buchstaben, so spiegeln sich die obere und unter Hälfte. Beispiele für Wörter sind HEIKE, BODO, EICHE, DEICH, HEIDE, OHO, BOE. Das längste Wort im Englischen ist COCCIDIOCIDE.

Vertikal achsensymmetrisch sind alle Worte, die aus den Buchstaben A, H, I, M, O, T, U, V, W und X bestehen.

Zum Beispiel: AHA, AUA, UHU, OTTO.

Längste Ortsnamen

Chargoggagoggmanchauggagoggchaubunagungamaugg ist ein See bei Webster im US-Bundesstaat Massachusetts.

Gorsafawddachaidraigodanheddogleddollônpenrhynareurddraethceredigion war der Name eines Haltepunkts der Fairbourne Railway in Gwynedd, Wales.

Der Name, der etwa „Der Mawddach-Bahnhof mit seinen Drachenzähnen an der nördlichen Penrhyn-Straße am goldenen Strande der Cardiganbucht" bedeutet, wurde gewählt, um als Bahnhof mit dem längsten Namen (67 Buchstaben) in das Guinness-Buch der Rekorde eingetragen zu werden, was auch gelang.

Der ursprüngliche Name war Golf Halt, denn die Bahn hält hier an einem Neun-Loch-Golfplatz. 2007 wurde die Station wieder in den bisherigen Namen umbenannt.

Damit ist Llanfairpwllgwyngyllgogerychwyrndrobwllllantysiliogogogoch wieder der Bahnhof mit dem längsten Namen.

Taumatawhakatangihangakoauauotamateaturipukakapikimaungahoronukupokaiwhenuakitanatahu ist der Maori-Name eines 305 m hohen Hügels in Neuseeland (85 Buchstaben).

Der längste Ortsname der Welt ist Krungthepmahanakhonamonrattanakosinmahintharayuthayamahadilokphopnoppharatratchathaniburiromudomratchaniwetmahasathanamonphimanawatansathitsakkathattiyawitsanukamprasit.

Es ist die alte Thai-Bezeichnung der thailändischen Hauptstadt Bangkok und mit 168 lateinischen Buchstaben der längste Ortsname der Welt. In thailändischer Schrift sind es 139 Buchstaben, die bedeuten: „Stadt der Engel, große Stadt und Residenz des heiligen Juwels Indras, uneinnehmbare Stadt des Gottes, große Hauptstadt der Welt, geschmückt mit neun wertvollen Edelsteinen, reich an gewaltigen königlichen Palästen, die dem himmlischen Heim des wiedergeborenen Gottes gleichen, Stadt, die von Indra geschenkt und von Vishnukarm gebaut wurde."

Übrigens lässt sich der ausführliche Name von Los Angeles, „El Pueblo de Nuestra Señora la Reina de los Angeles de Porciúncula", auf 3.63% verkürzen: L. A.

Der längste Ortsname Deutschlands ist Höhenkirchen-Siegertsbrunn bei München mit 25 Buchstaben. Weitere lange deutsche Ortsnamen ohne Bindestrich sind Deutschkatharinenberg (21) Großkönigsförderwohld (21), Hammerunterwiesenthal (21) und Zitterpenningshagen (19).

Kürzeste Ortsnamen der Welt

»Y« ist ein Dorf in der Picardie in Frankreich, und »Å« ist ein Ort mit rund hundert Einwohnern auf den Lofoten in Norwegen, an der Ostseite der Insel Moskenesøy.

Aber es gibt auch einen Ort, der gar keinen Buchstaben hat: Der Ort „Namlos" bei Reutte in Tirol (kleiner Scherz).

Längstes Wort der Literatur

Λοπαδοτεμαχοςσελαχογαλεο-κρανιολειψανοδριμυποτριμματοσιλφιολιπαρομελιτοκατακεχυμενο-κιχλεπικοσσυφοφαττοπεριστεραλεκτρυονοπτοπιφαλλιδοκιγκλοπε-λειολαγωοσιραιοβαφητραγανοπτερυγών = Lopadotemachosselachonogaleo-kranioleipsanodrimytpotrimmatosilphioliparomelitokatakechymeno-kichlepikossyphophattoperisteralektryonoptopiphalldokigklope-leiolagōosiraiobaphētraganopterygōn.

Dieses griechische Wort bedeutet:

„Austernschneckenlachsmuränen-essighonigrahmgekröse-butterdrosselnhasenbraten-hahnenkammfasanenkälberhirn-feldtaubensiruphering-lerchentrüffelngefüllte Schüssel".

Das Guinness-Buch der Rekorde verzeichnet dieses fiktive Gericht als längstes Wort der Literatur. Es stammt aus der Komödie „Die Weibervolksversammlung" des attischen Dichters Aristophanes, ist 78 Silben lang, nennt 17 Zutaten und zeigt vor allem die Freude der Griechen an spielerischen Wortzusammensetzungen.

Längstes englisches Wort

„Pneumonoultramicroscopicsilicovolcanoconiosis", eine Lungenkrankheit soll mit 45 Buchstaben das längste Wort der englischen Sprache sein. So stand es über Jahrzehnte im „Webster", dem englischen Standardwörterbuch. Die Medizin kennt diesen Krankheitsnamen allerdings nicht.

Der Name wurde 1935 von Everett Smith, dem Präsidenten der amerikanischen Puzzler's League erfunden, die Herald Tribune druckte ihn nach, und so kam das Wortungetüm 1936 in das Wörterbuch, und steht immer noch drin.

Jetzt kommen wir zwar etwas von unserem Thema ab, jedoch etwas ähnliches passierte auch bei uns. Das renommierte medizinische Wörterbuch Pschyrembel verzeichnete 1982 erstmals die Steinlaus, was Loriots „Erkenntnisse" zu belegen schien. Darüber hinaus informiert das Lexikon über fingierte Forschungsarbeiten, die den Wert der Steinlaus bei der Therapie von Gallen-, Blasen- und Nierensteinen erkannt hätten. In der 257. Auflage des Pschyrembel wurde der Eintrag über die Steinlaus getilgt.

Wegen unerwartet heftiger Leserproteste wurde die Steinlaus in die folgende Ausgabe von 1997 in erweiterter Form wieder aufgenommen. In dieser revidierten Fassung fanden „neueste Erkenntnisse" Eingang, die das zeitweilige Verschwinden der Steinlaus mit dem Fall der Berliner Mauer als Nahrungsgrundlage in Verbindung bringen.

Zzyzx – der letzte Ortsname im Alphabet

Ausfahrt zur
Zzyzx Road

Die Region Zzyzx im San Bernardino County, Kalifornien, ist der Sitz des Wüstenforschungszentrums der California State University. Angeschlossen ist ein hydrologisches Institut mit dem Namen Zzyzx Spring.

Der Name stellt unter allen bestätigten Ortsnamen Amerikas den letzten im Alphabet dar. Erfunden wurde der Name Zzyzx von dem Hochstapler Curtis H. Springer, der sich als Arzt und Methodistenpastor ausgab, und im Jahre 1944 gemeinsam mit seiner Verlobten Schürfrechte für das inmitten der Mojave-Wüste gelegene Areal erwarb.

Römische Zahlen

Im Alphabet ist die erste römische Zahl C (100), die letzte XXXVIII (38). Die alphabetisch erste ungerade Zahl ist CCCI (301), die letzte ist XXXVII (37).

DIVIDIVI ist das längste Wort, das nur aus römischen Zahlen besteht, der Divi-Divi-Baum ist eine Pflanzenart aus der Unterfamilie der Johannisbrotgewächse und wächst hauptsächlich auf der Insel Aruba (Karibik). DILVCVIVM (V=U) ist im Lateinischen die Morgendämmerung. MIDI, MILD, MILL, MIMI, sind weitere Wörter aus römischen Zahlzeichen (L = 50, C = 100, D = 500, M = 1000).

Längste Wörter in anderen Sprachen

Wortungetüme wie im Deutschen gibt es in den anderen europäischen Sprachen nicht. Im Französischen ist das längste Wort »anticonstitutionnellement«. Es handelt sich um das Adverb von »anticonstitutionnel«, bedeutet »verfassungswidrigerweise« und hat 25 Buchstaben.

»Supercalifragilisticexpialidocious« stammt aus dem Musical »Mary Poppins« und ist mit 34 Buchstaben das längste englische Wort, allerdings ein »Unsinnswort«.

»Antidisestablishmentarianism« ist mit 28 Buchstaben das längste reale englische Wort und stammt aus der Bewegung gegen Bestrebungen im 19. Jahrhundert, der Kirche von England den Status einer Staatskirche abzusprechen.

»Honorificabilitudinitatibus« ist ein seltsames Wort mit 27 Buchstaben, es ist bereits vorher bei den Wörtern mit alternierenden Vokalen und Konsonanten erwähnt.

»Otorrinolaringólogo« heißt der Hals-Nasen-Ohren-Arzt im Spanischen und hat 19 Buchstaben.

Die längsten Wörter der italienischen Sprache sind »precipitevolissimevolmente«, was in etwa bedeutet »Hals über Kopf«, mit 26 und »psiconeuroendocrinoimmunologia«, ein medizinischer Begriff, mit 28 Buchstaben.

Das längste Wort im Schwedischen heißt NORDÖSTER-SJÖKUSTARTILLERIFLYGSPANINGSSIMULATORANLÄG-GNINGSMATERIELUNDERHÅLLSUPPFÖLJNINGSSYST-EMDISKUSSIONSINLÄGGSFÖRBEREDELSEARBETEN.

Es hat 130 Buchstaben und hat laut Guinness-Buch mit der Luftüberwachung des Nordostteils der Ostsee zu tun.

Das längst Wort im Finnischen ist epäjärjestelmällistyttämättömyydellänsäkään. Es bedeutet in etwa, dass es aufgrund seiner Qualität nicht möglich ist, etwas irrational zu machen.

Pangramme

Ein Pangramm ist ein Satz, der alle Buchstaben des Alphabets enthält. Als echt werden Pangramme bezeichnet, in denen jeder Buchstabe genau einmal vorkommt.

Pangramme wurden früher häufig zum Testen von Fernschreibverbindungen und Schreibmaschinen genutzt, heute werden sie überwiegend als Blindtext oder zur Darstellung von Schriften eingesetzt.

In der deutschen Sprache existiert das bekannte Pangramm „Franz jagt im komplett verwahrlosten Taxi quer durch Bayern", das jedoch viele Buchstaben mehrfach enthält, andererseits fehlen Umlaute und das Eszett.

Ein verbreitetes, aber auch sehr langes Pangramm, jedoch mit Umlauten ist „Zwölf Boxkämpfer jagen Viktor quer über den großen Sylter Deich".

Ein erstes echtes deutschsprachiges Pangramm wurde 1981 in der damaligen DDR veröffentlicht:

»Verbüß öd' Joch, kämpf Qual, zwing Styx«!

Es geriet aber etwas in Vergessenheit. 2003 wurde ein weiteres erdacht und veröffentlicht:

»Fix, Schwyz! quäkt Jürgen blöd vom Paß«.

Damit feuert ein Schweizer Sportfan von einem Bergübergang aus seine Mannschaft an. Das Wort Paß wurde vor der Rechtschreibreform noch mit ß geschrieben.

Beide Pangramme haben 30 Buchstaben (26 des normalen Alphabets, dazu ä, ö, ü und ß), somit kommt kein Buchstabe doppelt vor.

Leipogramme

Ein Leipogramm (von griech. leipein für weglassen und gramma für Buchstabe) ist ein Text, in dem auf die Verwendung eines oder mehrerer Buchstaben des Alphabets verzichtet wird. In der Barockzeit erreichte das Leipogramm seinen Höhepunkt, jetzt sind es eher literarische Sonderlinge, die Leipogramme verfassen.

Im 20. Jahrhundert ist das Leipogramm fast ausgestorben, und doch werden in dieser Zeit die besten und gewaltigsten leipogrammatischen Werke geschrieben.

Das E ist der häufigste Buchstabe im Deutschen, Spanischen, Französischen und Englischen. 1939 erschien die Novelle Gadsby von Ernest Vincent Wright, welche vollständig ohne den Buchstaben E geschrieben wurde.

Der französische Schriftsteller Georges Perec veröffentlichte 1969 einen 300-seitigen, E-losen Roman unter dem Titel „La Disparition".

Dieser wurde im Jahre 1986 von Eugen Helmlé mit dem Titel „Anton Voyls Fortgang" kunstvoll leipogrammatisch in die deutsche Sprache übersetzt.

„Voyl haust (doch das war mal) fast lichtlos, da Opalglas im Raum das Licht stark abhält. Mobiliar und Luxus sagt ihm nichts, darum ist Antons Wohnung schlicht und schmucklos. Kalkwand, Tisch, Stuhl und Sofa, und dazu stinkt's furchtbar nach Knoblauch. Damit hat sich's. Für Bad und so was hat Anton Voyl nichts übrig, hält's für nutzlos, das ist für ihn Klimbim und Hokuspokus."

Nach dieser Übersetzung schrieb Helmlé selbst zwei leipogrammatische Romane. „Im Nachtzug nach Lyon" finden sich weder E noch R, in „Knall und Fall in Lyon" wurde zunächst auf das E verzichtet, dann auf das R.

Ein Gedicht ohne den Buchstaben R, von F. Kempner

Wie viel Licht im Sonnenball,
Wie viel Staub im Weltenall,
Wie viel Staub und wie viel Sand
Gibt's nicht schon im Heimatland!
Wie viel hohes, schönes Licht
Hat's im deutschen Lande nicht!
Wie viel Angst in Blitzes Schein,
Wie viel Lust im Glase Wein!
Doch ganz komisch ging man um,
Alles schaffend, meistens stumm.

Bloß den Menschen ausgenommen,
Lebt sonst alles still beklommen.
Dem Menschen allein die Kunst man gab,
Zu zählen all' sein Gut und Hab',
Zu sagen, wie's und was ihm tut,
Und wie ihm jetzt und je zu Mut:
Wenn ihn die Habsucht voll gefüllt,
Und wenn die heiße Sucht gestillt!
Wie wonneatmend das Gefühl,
Wenn nah' man einem hohen Ziel.

Dies ist der erste Teil eines Gedichtes von Friederike Kempner (1828-1904), einer deutschen Dichterin, die als Lyrikerin fast einzigartige Berühmtheit erlangte. Ihre „Gedichte", zuerst 1873 erschienen, lagen 1903 bereits in der achten Auflage vor. Zu diesem Zeitpunkt war sie von der Literaturkritik längst zur Großmeisterin der unfreiwilligen Komik erklärt und auf die Spottnamen „schlesische Nachtigall" und „schlesischer Schwan" getauft worden.

Drei Chinesen mit dem Kontrabass

Das ist ein Kinderlied mit einem Unsinnstext, in welchem in bunter Folge möglichst viele Selbst-, Zwie- und Umlaute vorkommen. Die Spielregel verlangt, dass alle Vokale beim Wiederholen des Textes gegen jeweils einen einzigen ausgetauscht werden müssen.

Drei Chinesen mit dem Kontrabass
saßen auf der Straße und erzählten sich was.
Da kam die Polizei: "Ja, was ist denn das?"
Drei Chinesen mit dem Kontrabass.

Draa Chanasan mat dam Kantrabass
saßan aaf dar Straßa and arzahltan sach was.
Da kam daa Palazaa: "Ja, was ast dann das?"
Draa Chanasan mat dam Kantrabass.

Dree Chenesen met dem Kentrebess
seßen eef der Streße end erzehlten sech wes.
De kem dee Pelezee: "Je, wes est denn des?"
Dree Chenesen met dem Kentrebess.

Drii Chinisin mit dim Kintribiss
sißin iif dir Strißi ind irzihltin sich wis.
Di kim dii Pilizii: "Ji, wis ist dinn dis?"
Drii Chinisin mit dim Kintribiss.

Droo Chonoson mot dom Kontroboss
soßon oof dor Stroßo ond orzohlton soch wos.
Do kom doo Polozoo: "Jo, wos ost donn dos?"
Droo Chonoson mot dom Kontroboss.

„Af dr Rprbhn nchts m hlb eins" auf 170 Metern Länge. Die wohl bekannteste Liedzeile des echten Hamburger Jung, Hans Albers, schmückte als (Fast)Leipogramm 2007 das Dock 10 des Hamburger Hafens.

In München konnte man 2007 zur Markteinführung des 1er Coupés von BMW an der Residenz ein Leipogramm ganz ohne Vokale sehen, und zwar „Nkls Xprss" (Nikolaus Express).

Anagramme

In jedem meiner drei Bücher über Wortspiele wurden Anagramme vorgestellt. Die Wurzeln der Anagramme reichen weit zurück bis in die griechische Sprache des dritten Jahrhunderts v. Chr. *Anàgramma* beinhaltet das Umstellen der Buchstaben eines Wortes oder eines ganzen Satzes, wobei neue Wörter und Satzinhalte entstehen.

Die ältesten Anagramme sollen von Aristandros stammen, dem Wahrsager des griechischen Königs Alexander des Großen (336-323 v. Chr.). Später wurde der griechische Grammatiker Lykophron von Chalkis (320-250 v. Chr.) durch Anagramme bekannt. Er arbeitete zur Zeit des ägyptischen Königs Ptolemaios II. (308-246 v. Chr.) in der Bibliothek von Alexandria. Um dem Pharao zu schmeicheln, bildete er aus dessen Namen Ptolemaios das Anagramm „apo melitos" und das heißt im Deutschen „wie Honig".

Im Europa des Mittelalters war es sehr beliebt, aus den Namen berühmter Menschen Anagramme zu deren Lob zu bilden. Bis ins 17. Jahrhundert hinein wurde dem Thema eine große Bedeutung beigemessen. So hatte der französische König Ludwig XIII. (1601-1643) an seinem Hof einen Anagramm-Schreiber namens Thomas Billon, der den Titel trug: Anagrammist des Königs.

Im 19. Jahrh. verlor das Anagramm an Bedeutung und wanderte als geistige Herausforderung in die Rätselecken.

Anagramme wurden früher auch in der Wissenschaft benutzt. Hier diente das Anagrammieren nicht als Kunstform, sondern zur sicheren Verschlüsselung von wichtigen Informationen, die der Öffentlichkeit zunächst noch nicht mitgeteilt werden sollten. Im einfachsten Fall reichte es aus, die Buchstaben des Textes einfach in alphabetischer Reihenfolge zu sortieren. Der entstandene Geheimtext wurde veröffentlicht, um erst Jahre später den dazugehörigen Klartext publik zu machen.

Dann konnte jedermann leicht den Klartext noch einmal anagrammieren und feststellen, dass er den identischen Geheimtext erhielt. Somit war klar, dass der Autor des ursprünglich veröffentlichten Anagramms schon vor Jahren im Besitz der im Klartext enthaltenen Information war.

Ein historisches Beispiel für ein derartiges Anagramm stammt von Galileo Galilei (1564-1642). Dieser entdeckte im Jahre 1610 mit Hilfe des gerade erfundenen Fernrohrs als erster, dass die Venus, ähnlich wie der Mond, einen ausgeprägten Phasenwechsel zeigt.

Er hält seine Beobachtung zunächst noch geheim, indem er sie in einem Anagramm verschlüsselt:

„Haec immatura a me iam frustra leguntur oy" – „Dieses noch Unreife wird von mir bisher vergeblich vorgetragen".

Dieselben 34 Buchstaben in anderer Reihenfolge ergeben Galileis Aussage, die er am 1. Januar 1611 bekanntgibt:

„Cynthiae figuras emulatur mater amorum" – „Die Mutter der Liebenden (Venus) tut es den Gestalten der Cynthia gleich". Cynthia ist ein Beiname von Luna.

Das heißt also, Venus zeigt Phasen wie der Mond und der Phasenwechsel eines Planeten ist ein weiterer Beweis für seine Bewegung um die Sonne.

Erst in der Mitte des 20. Jahrhunderts erlebten Anagramm und Magisches Quadrat einen neuen Höhepunkt. Zuerst tauchte eine Verbindung von Kreuzworträtsel, Wortquadrat und Anagramm auf.

Bereits 1931 von dem Amerikaner Alfred Butts entwickelt, erreichte es erst in den 1950er Jahren unter dem Namen Scrabble einen internationalen Durchbruch.

Seitdem ist dieses Wortspiel über alle Kontinente verbreitet und gilt als das meist verkaufte Kreuzwortspiel.

Trotz der ungeheuren Vielzahl von Vertauschungsmöglichkeiten gelingen beim Anagrammieren nur wenige zufriedenstellende Wörter, die einen neuen Sinn ergeben und bei denen kein Buchstabe übrigbleibt.

Bei einem Wort mit acht Buchstaben, z. B. KREATION, gibt es nicht weniger als 40.320 verschiedene Möglichkeiten (Permutation), die einzelnen Buchstaben in eine andere Reihenfolge zu bringen, nämlich $1 \times 2 \times 3 \times 4 \times 5 \times 6 \times 7 \times 8 = 40\ 320$, wobei die Wörter REAKTION und KANTOREI die beiden einzigen sinnvollen Möglichkeiten sind.

Beispiele für Anagramme, die bisher noch nicht in meinen Büchern vorkommen, sind:

Angstbude - Bundestag

Atheismus - Mietshaus,

Behoerdenbauten - ohrenbetaeubend

Chefsachen – Schaefchen

Darlehen - Haendler

Energiewandler - wiedererlangen

Erkaeltung - ungeklaert

Erbmaterial - alarmbereit

Eifersucht - Schufterei

Einbrecher - bereichern

Ferien - feiern

Gartenbeet - abgeerntet

geschaeftlich - schiefgelacht

Hitparade - Apartheid

Internet - renitent

Kaiser - Karies

Nachname - anmachen
nagelneu - anluegen
romantisch - Monarchist
Rumaenien - einmauern
Stefan – Fasten
Strafbarkeit - Arbeitskraft
Strolche - rechtlos
Wuerstchen - erwuenscht
zaertlich - aerztlich
Zentralbankdusel - Altbundeskanzler
Zitronensaft – Fronteinsatz.

Mein persönliches Lieblingsanagramm ist:

Angela Merkel – Karamelengel

Der Autor ist unbekannt, von mir stammen folgende Anagramme über Politiker.

Edmund Stoiber – rodest im Bunde
Horst Seehofer – froheste Heros
Sigmar Gabriel – Laib Griesgram.

Eine große Hilfe zur Erstellung von Anagrammen bietet der Anagrammgenerator, den man im Internet unter google findet. Damit gelang es mir auch, den Namen unseres Nachbarortes Griesstätt, der gegenüber von Rott auf der anderen Innseite liegt, viermal zu schütteln (ä = ae):

Griesstaett:

Gestatte Sir – teste gratis – satter Geist – agiert stets.

Palindrome

Palindrome sind Wörter oder Sätze, die vor- oder rückwärts gelesen gleich sind. Meine Lieblingspalindrome sind: „Ein Esel lese nie" und „O Genie, der Herr ehre dein Ego".

In meinen bisherigen drei Büchern über Wortspiele wurden viele Palindrome aufgeführt, die folgenden waren bisher nicht enthalten.

Sammelidee? Dilemmas!
Sanierung? Nur ein As!
Nette Korkkroketten.
Siams Keksmais.
Ein Egogenie.

Salomo las.
Ein Golf flog nie.
Dreh neuen Herd!
Adieu; erfreue Ida!
Alle Bananen, Anabella!

Lag Elli illegal?
Tapeziere! Reize Pat!
Nie Erika, fette Fakire ein!
Ei, ruf nie Rehe herein, Furie!
Lateinamerika-Fakire-Manie-Tal.

Anni, meide die Minna!
Kriminell: Leni Mirk.
Rehreihe hierher!
Renn, O Bonner!
Bert, streb!

Längere Palindromsätze

Je länger derartige Sätze sind, umso skurriler das Ergebnis

Falte die Nixe - Doktor h.c. sei
sie (Schrotkodex!) – in Ei, Detlaf.
Stiere baden rege, gerne da bereits.
Nie, Brennessel, lass' alles Sennerbein.
Olli, mach Eis beilblau! Qual blieb: sieh Camillo!
Nie hart, so Narretei, wie Terra Nostra, Hein!
Ennepe, Bottrop ... Paradies sei da, Rapport tobe, penne!
Eine - äh - Pyroklammer ahne den Harem, Malkoryphäe, nie?
Sie legte die Werra-Tiger hin; ihre Gitarre weidet Geleis.
Gin ohne i? Alles nähre Bier treu: Quer-
treiber, Hänsel, Laien, Honig ...
Tu Ehre! Beredte Dromedare gerade
mordet der Eber heut'.

Nie hege die Leime da, Kai, am Ei;
die Maiakademie leide, geh' ein!
Nie meidet ein Eidotter-billig-
agil-Libretto die Niete, die mein.
Rot, agil (Lamas), nie einsam (Alligator).
Sagt, ob ein Krokodilmann am Lido Kork nie bot Gas?
Er rief: Fall' ab! Flog nie dein Golfball, Affe, irre?

31

Rase, ach Caesar!
Erhöre nie eine Röhre!
Eislang ist, lahm am Haltsignal sie.
Eine Mord-Nil-APO? Palindrome nie!
Dreh mit Forelle Teller oft im Herd!
Ehe zu arg rede die Seide der Grauzehe
Sagt! Im Nebelhorn eben roh leben mit Gas.
Ade, liebe Ella, red' nie in der Allee bei Leda!
Ein Semit tut's. Elli will. Ulli will es. Tut Tim es nie?
Ein erhaben' Grasgrab in Ani barg Sarg, 'ne Bahre nie.
Egeln! An unsere Gitarre, Werra-Tiger, es nun anlege!

Namens Palindrome

Baronesse Nora B.
Anne Varese (Ravenna)
UNO-Vertreter Trevonu
Klavierlehrer Helrei-Valk
Karikaturist Sirutka (Irak)
Dr. O. Lesser, Presselord
Reporter E. Troper
Skilehrer Heliks

Minister Etsinim
Kassierer Eissak
Akrobat Aborka
Aktivist Sivitka
Kanzler Elznak
Kaplan Alpak
Tim, Eremit
Herr Reh.

Englische Palindrome

Doc note, I dissent.
A fast never prevents a fatness. I diet on cod.

"Hören Sie mal, Doktor, ich bin anderer Meinung.
Fasten kann nie verhindern, dass man fett wird.
Ich mache eine Diät mit Kabeljau."

Dieses Palindrom wurde 1967 von der britischen Zeitschrift „New Statesman" für seine Länge und gute Verständlichkeit preisgekrönt. Autor war James Michie, der es jedoch, wie er lange nach der Preisverleihung zugab, nicht selbst erfunden, sondern der anonymen Tradition entnommen hatte.

No x in Mr. R. M. Nixon.

Vorschlag, den Namen eines amerikanischen Präsidenten um einen Buchstaben zu kürzen. Noch einprägsamer - und dann sogar auf den Kopf gestellt lesbar - in der Form

NO X IN NIXON.

Französische Palindrome

A l'autel elle alla, elle le tua la
(Zum Altar ging sie, dort brachte sie ihn um).
Esope reste ici et se repose
(Äsop wartet hier und ruht sich aus).
Et la marine va, papa, venir a Malte
(Und die Marine ist dabei, Papa, nach Malta zu gehen).

33

Et Luc colporte trop l'occulte
(Und Luc kolportiert zu stark das Okkulte).
Etna: lave devalante
(Der Ätna spuckt Lava).
Eh, ça va, la vache?
(Ist es die Kuh, die da geht)?
La mariee ira mal
(Die Braut wird Probleme bekommen).
Luc note ton cul.
Ni pur ni dare-dare, snob, le sel bon sera de radin rupin
Rode, Sire, ce nu désir irisé d'une cerise d'or.

Spanische Palindrome

Adán no calla con nada.
Adán no cede con nada.
Aire solo seria.
Al reparto sacas otra perla.
Amad a la dama.
Amigo, no gima.
Amo la pacífica paloma.
Amó la paloma.
Amor a Roma.
Anita lava la tina.
Ana lleva al oso la avellana.
Asi revelara su amada dama usar aleve risa.
Así Ramona va, no Marisa.
Ate la pala a la paleta.
Ateo por Arabia iba raro poeta.
A ti no, bonita.
Échele leche.
Es Adán, ya ve yo soy Eva y nada sé.
La moral, claro, mal.

Dábale arroz a
la zorra el abad
(Der Abt gab der
Füchsin Reis,
das bekannteste
spanische Palindrom).

La moral, claro, mal.
La ruta natural.
Le avisará Sara si va él.
Luz azul.
No bajará Sara jabón.
No deseo yo ese don.
No traces en ese carton.
Ojo rojo.
O sacais ropa por si acaso.
Robaba oro a babor.
Satan sala las natas.
Si Tito ya muere de reuma, muere de reuma y otitis.
Somos o no somos.
Son robos y sobornos.
Sor Rebeca hace berros.
Subo tu auto o tu autobus.
Yo hago yoga hoy.

Italienische Palindrome

Aceto nell'enoteca – (Essig in der Vinothek).
Ai lati d'Italia – (An den Rändern Italiens).
Anilina – (Anilin).
E' fedel: non lede fe.

35

(Er ist treu, er betrügt nicht deine Treue).
I noti piedi dei pitoni
(Die beschriebenen Füße der Pythons).
I topi non avevano nipoti.
O mordo tua nuora o aro un autodromo.
(Entweder beiße ich deine Schwiegertochter,
oder ich pflüge ein Autodrom).

Lateinische Palindromsätze

In meinen Büchern "Kuntersurium" und "Kuriosurium" findet sich eine ganze Reihe historischer lateinischer Palindromsätze, wobei der bekannteste der folgende ist.

Sator arepo tenet opera rotas
(Sämann Arepo hält mit Mühe die Räder).

Schreibt man dieses Palindrom in fünf Zeilen, lässt es sich von links nach rechts, von rechts nach links, von oben nach unten und von unten nach oben lesen.

```
S A T O R
A R E P O
T E N E T
O P E R A
R O T A S
```

Folgende Palindromsätze sind bisher nicht aufgeführt.

Acide me malo, sed non desola me, medica
(Schneide mich mit Leid, aber verlass mich nicht, Ärztin.)

Arca salvet et it. Stit et aula sacra
(Die Kiste ist in gutem Zustand und geht fort.

Auch der heilige Hof hatte Bestand).

Arca serenum me gere regem munere sacra.
Solem, aulas, animos, omina salva melos.
(Grabinschrift Heinrichs IV. von Frankreich v. Paschasius).

Subi dura a rudibus
(Hartes erduldete ich von den Grobianen). Das konnte ein fahrender Student bei der Abreise an die Rathaustür kritzeln, wenn man ihn in der Stadt schlecht behandelt hatte.

Robur ave tenet et te tenet, Eva, rubor
(Der Baumstamm trägt einen Gruß,
und dich erfasst Röte, Eva).

Russische Palindrome

Dorog tot gorod (Diese Stadt ist teuer).
Бел хлеб (Das Brot ist weiß).
Кит на море романтик (Der Wal im Meer ist romantisch).
Леша на полке клопа нашел
(Alex fand die Wanze auf dem Brett).
Мир как Рим (Das Wort als Rom).
Мокнет Оксана с котенком
(Oksana und ihre Kätzchen werden feucht).
У лип Леша нашел пилу
(Alex fand die Säge bei der Linde).
Боб (Bob).
Довод (Argument).
Доход (Einkommen).
Летел (Das Fliegen).

Versprecher

Versprecher passieren uns im Alltag immer wieder. Sie tragen vielfach zur Unterhaltung und Belustigung bei, können aber auch Zugänge zu unserem Unbewussten sein. So jedenfalls die Annahme von Sigmund Freud (1856-1939), dem Begründer der Psychoanalyse.

Als so genannte "Freud'sche Versprecher" liegt ihnen die Annahme zugrunde: "Hier hat sich jemand verraten, hier hat sich ein ganz Schlauer selbst überlistet."

Oder anders ausgedrückt: "Eine Freud'sche Fehlleistung passiert, wenn ein unbewusster Wunsch durch unsere Worte verraten wird." Dass dies gerade in der Öffentlichkeit sehr verräterisch sein kann, zeigt W. Schäuble's berühmter Versprecher zur "Eröffnung ganz neuer Medien-Kontrolle-äh-Kanäle" ebenso wie der berühmte Gutenberg-Versprecher, wenn es mal wieder stotternd heißt: 'Dieses Plagiat ist keine Dissertation."

Der ehemalige Bundeskanzler Helmut Kohl hatte die Lacher gegen sich, als er nach einem langen Krisengespräch mit seinem Koalitionspartner FDP am 15. März 1989 zu Journalisten sagte: „wenn wir pfleglich miteinander untergehen...". Gemeint war natürlich „umgehen".

Beispiele von Versprechern:

Krampfpanzer Leopold.
Die reizt nicht mit ihren Geizen.
Der kommt mir nicht unter die Lippen.
Reinen Tisch einschenken.
Da ging mir ein Groschen auf.
Der Schauspüler auf der Bühne.

Sand in Licht!
Most Prahlzeit!
Hochstuhllehrer.
Brut gegüllt, Löwe!
Ich hasse ableben!
Bretto oder Nutto?
Kette sich, wer rann!
Nero rannte Brom nieder.
Eine Krähe wäscht die andere.
Ich könnte Räume ausbeißen!
Alle Nizza- und Pudelgerichte billiger!
Damit haben wir schon drei Fallbeile.
Ich muss dich singend drehen!
Ich schinde den Falter nicht!
Der Wink mit dem Faulzahn.

Damit hast Du den knordischen Goten zerschlagen!
Der Gefangene hat eine Sucht verflucht.
Es geschehen noch Weichen und Zunder.
Butsch' mir doch den Ruckel runter!
Das hat meinen Wehrgeiz geeckt.
Das nehme ich auf keine Mappe!
Die Rache ist gesitzt.
Dritte bücken!

Schlauch nicht echt!
Weich geht's gleiter!
Busch am Pfau.
Held abgeben.
Schicht und Latten.
Der Wein am Stege.
Die Wunde der Starheit.
Eine Schippe umkliffen.
Eine leibliche Weiche.
Eine richtige Wolle spielen.
Einen Bug fluchen.
Etwas auf die Steine bellen.
Evolutionäre Reinigung.
Im Gehen steigen.
Mit Wonne versöhnt.
Sich wandhaft steigern.
Trächtig maurig sein.
Wundenlang starten.
Was lange gährt, wird endlich Wut!
Schweden ist Reigen, Gilber ist Sold.
Münzwurf beim Friseur: "Zopf oder Kahl?"
Doris Köder-Schröpf (Doris Schröder-Köpf).
Kerrero Füßchen (Ferrero Küßchen).
Spasti Umante (Asti Spumante).

Ein passender Ausspruch dazu von Ernst Jandl:
„Manche meinen lechts und rinks kann man
nicht velwechsern, werch ein Illtum!"

Ein Schauspieler rief in der Aufregung:
„Mit diesem Rettich erdolch' ich dich!"
statt „Mit diesem Dolche errett' ich dich!"

Spoonerismus

Im englischen Sprachraum bezeichnet man eine derartige absichtliche oder unabsichtliche Vertauschung als Spoonerismus, benannt nach William Spooner (1844-1930), Dekan und Rektor am New College in Oxford, der diesen sprachlichen Tick pflegte.

Beispiele:

"To shake a tower"
statt "to take a shower"
(„einen Turm schütteln"
statt „eine Dusche nehmen").

"The devious pray"
statt "the previous day"
(„das abwegige Gebet"
statt „der vorige Tag").

"Candle with hare!" statt "handle with care"
(„Kerze mit Hase" statt „vorsichtig handhaben").

"Fighting a liar" statt "lighting a fire"
(„mit einem Lügner kämpfen" statt „ein Feuer machen").

"Which of us has not felt in his heart a half-wormed fish?" statt "a half-formed wish?"
(„Wer von uns hat in seinem Herzen nicht einen halbverwurmten Fisch gefühlt", statt „einen halbfertigen Wunsch").

"Three cheers for our queer old dean!" statt – "Three cheers for our dear old queen!" („Dreimal hoch für unseren seltsamen alten Dekan" statt „für unser liebe alte Königin").

"A well-boiled icicle" statt "a well-oiled bicycle"
(„ein gut gekochter Eiszapfen" statt
„ein gut geöltes Fahrrad").

"Is it kisstomary to cuss the bride?" (customary to kiss).

"The Lord is a shoving leopard." (a loving shepherd)
„ein schiebender Leopard" statt „liebender Schäfer".

"You were fighting a liar in the quadrangle." (lighting a fire)
(„.... kämpfen gegen einen Lügner" statt „ein Feuer machen").

"Someone is occupewing my pie. Please sew me to another sheet." (occupying my pew...show me to another seat).

"Is the bean dizzy?" (Dean busy).

"A blushing crow" (crushing blow).

"You have hissed all my mystery lectures. You have tasted a whole worm. Please leave Oxford on the next town drain." (missed...history, wasted...term, down train).

Der Spoonerismus ist auch als „Marrowsky" bekannt, angeblich nach einem polnischen Grafen benannt, der dieselbe sprachliche Angewohnheit gehabt haben soll. Spoonerismen sind nicht zu verwechseln mit (den folgenden) Schüttelreimen, denn es handelt sich hierbei nicht um Reime.

Schüttelreime

Wenn nachts ich auf der Stiege flirt,
mich oftmals eine Fliege stört.

Er hackte mit dem Hackbeil,
gottlob blieb die Backe heil.

Die Kinder mögen Mäuse leiden,
doch sollten sie die Läuse meiden.

Die Ratte lief
zum Rattenloch,
nach dem sie an
den Latten roch.

Beim Mahle rief
der Kaiser laut:
„Ich bitte, dass
man leiser kaut!"

Wenn kalter Regen niederfließt,
die Nachtigall im Flieder niest.

Ein Mücklein wollte Reisen machen,
da flog's in einen Meisenrachen.

Im Himmel traf ein Kabel ein:
»Knockout schlug ich den Abel. Kain.«

Im Bett ein heißer Schlummer-Kuss,
macht mit dem schlimmsten Kummer Schluss.

Wie schön, wenn nach dem heißen Bad,
man gleich etwas zu beißen hat.

Gefährlich ist der Steineschwall,
im einstürzenden Schweinestall.

Glasbläser, blas' Gläser!

Der Habenichts zum Teiche rannte,
weil ihn enterbt die reiche Tante.

Immer wenn sie Sprudel trinkt,
gleich zum Klo die Trudel springt.

Von den Protestlern gegen Castorenbehälter,
beziehen manche Pastorengehälter.

Ich hörte einen Schrei, der klang,
als käm' er aus dem Kleiderschrank.

Wenn euch gebrat'ne Schollen winken,
dann zetert nicht:
"Wir wollen Schinken!"

Erst schwamm er
zu den Haien raus,
jetzt steht es leer,
sein Reihenhaus.

Aber auch (siehe Titelbild):
Es war einmal ein braver Hai,
der fraß statt Menschen Haferbrei.

Mit dem Bekennen neuer Lehren,
ließ Nero manchen Leu ernähren.

Der Rabbi fand poor little Moses,
ein Judenkind, ein mittelloses.

Der einst die Hottentotten schor,
ist jetzt Friseur am Schottentor.

Sie würden mir große Freude bereiten,
wenn sie meinen Hund von der Räude befreiten.

Nach dem zweiten Glase Wermut,
da bekam er nur noch mehr Wut.

Sie hängt im Garten
auf die Leine Mieder,
und trällert:
Leise flehen meine Lieder.

Der Doktor schrieb es
schwarz auf weiß:
Nehmt's Aspirin und
wart's auf Schweiß.

Ein Musikus wohnt auf dem Dachshundbergl
Und klimpert täglich Fugen Bach's und drgl.

Biete stets dem Diebe Schach,
und schließe fest das Schiebedach.

Benno Papentrigk - Das Schüttel-ABC

Wer kennt sie nicht, die berühmten Gedichtalphabete von Wilhelm Busch und Karl Valentin. Weniger bekannt ist das Schüttelreimalphabet von Benno Papentrigk.

Der Name ist ein geschütteltes Pseudonym von Anton Kippenberg (1874-1950), der ein bedeutender deutscher Autor und Verleger war. Von 1905 bis 1950 leitete er den Insel-Verlag und editierte die Werke Goethes und Rilkes.

Zu weiteren Autoren zählten Stefan Zweig, F. Nietzsche, Ricarda Huch, H. v. Hoffmannsthal und Boccaccio.

Ich hab mein Sach auf viel gestellt,
wenn jung und alt mein Stil gefällt.

Absalom sich im Haar verfängt.
Alarm wird bei Gefahr verhängt.

Äolus los die Winde lässt.
Die Ähren wiegt der linde West.

Die Auster tief auf Bänken liegt.
Das Auto aus beim Lenken biegt.

Bello die Wurst vom Teller schnappt;
Der Bösewicht wird schnell ertappt.

Des Cantors Chor Choräle singt;
Der Christ um seine Seele ringt.

Im Dorfe dreht die Kunkeln man.
Im Dunkeln man gut munkeln kann.

Die Sonne sengt, 's ist hitzefrei.
Selig davon saust Fritze, hei!

Des Schweißes ist die Scholle wert.
Den Schafen man die Wolle schert.

Der Sterne Lauf wird fein erkannt.
Den Stein der Weisen keiner fand.

Bei Tee und Tanz die Jugend tagt.
Der Teufel macht auf Tugend Jagd.

Undine in der Woge lebt.
Unendlich Unheil Loge webt.

Übung steht auf der Meister Fahn.
Durch Üppigkeit wird feister man.

Der Vagabund im Lande streicht.
Verdruss vergeht am Strande leicht.

Der Wiedehopf 'ne Haube trägt.
Des Winzers Hand die Traube hegt.

Xanthippe keifte schändlich, ach!
Dem Xerxes bot man endlich Schach.

Der Yogi zur Ekstase neigt.
Der Yquem in die Nase steigt (ein Wein!).

Es zückt der Zorn das Hackebeil.
Der Zahnarzt macht die Backe heil.

Vierfachschüttler

Die folgenden Schüttelreime sind vierfach geschüttelt und damit sogenannte Quadrupel-Schüttelreime, das sind schon kleine Kunstwerke. Der bekannteste von allen ist der erste.

Ein Wagen fuhr in Gossensass,
mitten durch die Soßengass,
so dass die ganze Gassensoß',
sich über die Insassen goss.

Im Kloster, das Sankt Gallen heißt,
spukt jede Nacht ein Hallengeist.
Hörst du von fern ihn heulen, Gast,
spann ein, was du an Gäulen hast.

Steil hebt sich hinterm Wiesenrand,
die schneebedeckte Riesenwand.
Umweht vom lauen Rasenwind,
grast stillvergnügt das Wasenrind.

Mama sprach, mir will scheinen Sohn,
dein Haarwuchs wird zu schonen sein,
bei Regen und bei Sonnenschein,
Papa beklagt den seinen schon.

Diesen letzten der Vierfachschüttler teilte mir der 2007 verstorbene Physiker, Philosoph und Friedensforscher Professor Carl Friedrich von Weizsäcker persönlich mit. Er war hier in Rott am Inn bis 2005 mehrere Jahre mein Nachbar.

Franz Mittler - Der Wiener Tannhäuser

Franz Mittler (*1893 in Wien; †1970 in München) war ein im Wien der 20er und 30er Jahre populärer Musiker (Komponist, Pianist, Dirigent), trat aber auch als Verfasser von heute noch bekannten und beliebten Schüttelreimen hervor. Er ist fürwahr ein Meisterschüttler, unser Franz Mittler.

An einem Hof, bekannt ob strenger Sitten,
Ums Thema "Liebe" ein paar Sänger stritten.
Und ein Tenor singt voll Tannheiserkeit
(Er tauschert stolz mit keinem Kaiser heut).
Er schwärmt von einem Puff, dem Hörselberge,
Wo's immer fesch bei vollem Börsel hergeh',
Wo eine Göttin, schön und gülden, Venus
Ihm jüngst verhalf zu einem wülden Genuss.
Die Ritter schrei'n voll Neid
und Grimme: "Stechts 'n!"
"Zurück!" hört man da
Lieserls Stimme krächzn.
"Den Wüstling, der gefrönt
des Leibes Wünschen,
Wollts ihr im Beisein
eines Weibes lynchen?
Vergebung gibt's in Rom für feine Sünden,
Dort wird s' mein Heinzi auch für seine finden !"
Drauf zieht er hin nach Rom mit bloßen Füßen,
Die Tränen, die um ihn geflossen, büßen.
Auf dem Balkon schon zeigt sich grad der Papst,
Als ihm den Pilgerstab ein Pater grapst!
Da wird ihm gleich die ganze Reu und Buß fad,
Er fährt nach Haus und nimmt ein warmes Fußbad.

Schüttelreime von Max Dietrich

Beim Wettbewerb der Segelflieger,
blieb der größte Flegel Sieger.

Es spielten sieben Diebe Schach,
auf einem Autoschiebedach.

Am Fußballplatz die Rasenheizung,
verursacht bei den Hasen Reizung.

Wie ich diese Hasenrasse,
auf meinem schönen Rasen hasse!

Zwar gibt es keinen schwarzen Wein,
bekannt ist aber 's Warzenschwein.

Gewaltig war der Schurken Gier,
sie klauten hundert Gurken schier.

Um einen toten Hecht zu spalten,
braucht man sich keinen Specht zu halten.

Weißt du, warum das Zebra bockt?
Sein Tierpfleger aus Bebra zockt!

Zungenbrecher

Acht alte Ameisen aßen am Abend Ananas.

Allergischer Algerier, algerischer Allergiker.

Alle malen aalende Aale,
die mit Sonnensalbe in der Sonne sonnen.

A Mamaladenammala hamma zwar a ana dahamm,
aba a Rhabarbamamalaad hamma kanna.
(Wörtlich: "Ein Marmeladeneimerchen
haben wir zwar auch eines daheim,
aber Rhabarbermarmelade
haben wir keine", Fränkisch).

Anna aß abends am Abhang Ananas.

Annas Wal
aß Ananassalat
am Sandstrand.

"Biberacher Bierbrauer brauen
beständig braunes Biberacher Bockbier.
Böswillige Bacchusbrüder behaupten bisweilen,
Biberacher Bier berausche bald!
Biederer Biertrinker:
bevor Beweise besseres bringen,
brauen Biberacher Bierbrauer
beständig braunes Bockbier!"

"Bismarck biss Mark, bis Mark Bismarck biss."

"Blaukraut bleibt Blaukraut,
Graubrot bleibt Graubrot und
Brautkleid bleibt Brautkleid."

"Cäsar und Cicero gingen ins Concil,
Cäsar ging in Uniform, Cicero in Civil."

"Denke nie gedacht zu haben,
denn das Denken der Gedanken
ist gedankenloses Denken!"

"Der Leutnant von Leuthen,
befahl seinen Leuten,
nicht eher zu läuten,
bis der Leutnant von Leuthen
seinen Leuten das Läuten befahl."

"Das Weinfass, das Frau Weber leerte,
verheerte ihre Leberwerte."

Plattdeutsch:
"De dicke Deern drägt de dünne Deern dörn dicken Dreck.
Da dankt de dünne Deern de dicke Deern, dat de dicke
Deern de dünne Deern dörn dicken Dreck drogen det."
"Das dicke Mädchen trug das dünne Mädchen durch den
dicken Dreck. Da dankt das dünne Mädchen dem dicken
Mädchen, dass es sie durch den dicken Dreck getragen hat."

"Der Flugplatzspatz nahm auf dem Flugplatz Platz.
Auf dem Flugplatz nahm der Flugplatzspatz Platz."

54

"Der Kaplan klebt klappbare Pappplakate,
klappbare Pappplakate klebt der Kaplan.
Klappernd klebt der plappernde Kaplan, die Pappplakate an."

"Der Whiskymixer Willi mixt Whisky im Whiskymixerglas,
im Whiskymixerglas mixt Whiskymixer Willi Whisky."

"Der Zweck hat den Zweck, den Zweck zu bezwecken,
und wenn der Zweck den Zweck nicht bezweckt,
dann hat der Zweck überhaupt keinen Zweck."

"Dicke Nichten dichten im dichten Fichtendickicht.
Im dichten Fichtendickicht dichten dicke Nichten."

„Dieses Formular formuliert
in der Formulierung eine Formel,
die das Formulieren von Formularen formuliert."

"Die Katze tritt die
Treppe krumm.
Der Kater tritt
sie grade."

"Dies ist ein Scheit.
Ein Schleißenscheit.
Ein wohlgeschlissenes
Schleißenscheit.
Es schickt dir Frau Heißen aus Meißen.
Ihr Mann ist der wohl vortrefflichste
Schleißenscheitschleißmeister von Meißen.
Er hat bevor er das Frühstück genossen,
schon mehrere Scheite geschlissen und geschlossen."

Andere Version:
"Dies ist ein Scheit.
Ein Schleißenscheit.
Ein wohlgeschlissenes
Schleißenscheit.
Mein Vater ist
Hofscheitschleißer.
Er sitzt am Ofen
und schleißt Scheite.
Jeden Morgen bevor er
gebackt und gebissen,
hat er einen großen
Haufen Scheite
geschnitzt und
geschlissen."

Schweizerisch:
"Dr Papscht het z'Schpiez
s'Schpäck-bschteck z'schpot bschtellt."
(Spiez: Ort am Thunersee)

Lechtalerisch: "Der Pfarrer von Bschlaps
hat s`Pschteck z`schpat bschtellt."

"Die Rinde der breitblättrigen
Linde blättert leicht ab.
Leicht blättert die Rinde der
breitblättrigen Linde ab."

"Ein Tourist ist ein Tourist,
wenn er auf einer Tour ist,
und in einer Tour isst."

"Es sitzen sieben Seehundssippen,
auf den sieben Seehundsklippen,
die sich in die Rippen stippen,
bis sie von den Klippen kippen."

"Flößers Vroni flog frohlockend
vom frostigen Floß."

"Frau von Hagen,
darf ich wagen,
Sie zu fragen,
welchen Kragen
Sie getragen,
als Sie lagen,
krank am Magen,
im Spital zu Kopenhagen,
ohne Klagen,
ohne Zagen,
ohne nur ein Wort
zu sagen?"

"Gib Opi niemals Opium,
denn Opium bringt Opi um."

"Kaiser Karl konnte
keine Kümmelkerne kauen,
warum konnte Kaiser Karl
keine Kümmelkerne kauen,
weil Kaiser Karl keine
Kümmelkerne kauen konnte,
aber Kaugummi konnte
er kätschen."

"Koa kloas Kind ko koan kloan Kind koan
kloan Kerschkern kloa kliam."

"Montagmorgen mordeten motzende Moskauer
Mooskauer molchige Möpse, da sie die molligen
Moskowiterinnen nicht mochten."

"Schellet Se ned an sellere Schell,
sellere Schell schellt ned,
schellet Se an sellere Schell,
sell Schell schellt."
(Klingeln Sie nicht an dieser Klingel..., Schwäbisch).

"Schnecken erschrecken,
wenn Schnecken an
Schnecken schlecken,
weil, zum Schrecken
vieler Schnecken,
Schnecken nicht schmecken."

„Sechzig tschechische Chefchemiker scheuchen keusche
chinesische Mönche in seichte Löschteiche."

"Sensitive Selektionssimulatoren sondieren sogar
sekundärstrukturierte Sonarselektoren."

"Sie war die teigigste
Teichmuschel
unter allen
teigigen
Teichmuscheln
im Teichmuschelteich."

"Solche sechs wie mir fünf gibt´s koi viermal meh,
weil mir drei die zwei oinziga sind" (Hohenlohisch).

"Tante Trude tanzt mit Theo Tango, Twist und Tarantella."

"Tausend tropfnasse Trogträger trugen
triefende Tröge treppauf und treppab."

"Vom Trittbrett tropft Pommes frittes-Fett."

"Wenn hinter Fliegen Fliegen fliegen,
fliegen Fliegen Fliegen nach."

"Wenn hinter Griechen Griechen kriechen,
kriechen Griechen Griechen nach."

"Wenn hinter Robben Robben robben,
robben Robben Robben nach."

"Wenn hinter rollenden Rollen rollende Rollen rollen,
rollen rollende Rollen rollenden Rollen hinterher."

"Wenn mancher Mann wüsste,
was mancher Mann wär,
gäb mancher Mann manchem Mann
manchmal mehr Ehr'.
Weil aber mancher Mann nicht weiß,
wer mancher Mann ist,
drum mancher Mann manchen Mann
manchmal vergisst."

"Wenn Männer hinter dem Schokoladen-Laden Laden laden,
laden Ladentöchter sie zum Kaffee ein."

"Wenn rumkugelnde Rumkugeln um rumkugelnde
Rumkugeln rumkugeln, kugeln rumkugelnde
Rumkugeln um rumkugelnde Rumkugeln rum."

"Zehn Ziegen zogen zehn
Zentner Zucker zum Zoo.
Zum Zoo zehn Ziegen zogen
zehn Zentner Zucker."

"Zweiundzwanzig zahme Zwergziegen zwängten
sich durch zwei zersplitterte Zaunstützen.
Die Zwergziegenzüchter waren verzweifelt."

Zungenbrecher-Sieger

Im Juni 2006 lief bei "Wetten, dass ...?" eine legendäre Zungenbrecher-Wette: Dr. Georg Winter sagte innerhalb einer Minute sieben selbstgedichtete Zungenbrecher auf - mit einer unglaublichen Geschwindigkeit. Sehen Sie selbst:

1. Wenn beim Bangkoker Ping-Pong-Pokal die Bangkoker auf ihrer Bank hocken und bange gucken, wie die Pekinger Ping-Pong-Profis die Bangkoker von der Platte pauken, dann kochen die Bangkoker.

2. Als die Soldaten ihren Sold hatten, stolperten sie über Soldaten, die ihren Colt hatten, sodass die Soldaten, die ihren Colt hatten, bald auch den Sold hatten, was die Soldaten, die ihren Sold hatten, natürlich nicht gewollt hatten.

3. Immer, wenn die tütelige Teetante den Tee in die Kaffeetüte getan hatte, tütete die patente Nichte der Teetante den Tee von der Kaffeetüte in die Teetüte um.

4. Bei dem alten Lappenschuppen, wo die Lappen Schoppen kippen und für ein paar Robbenhappen hübsche Lappenpuppen strippen, bis sich die ganzen Lappensippen mit den Rippen von den Robben um die hübschen Puppen kloppen, sollst du nie den Schlitten stoppen.

5. An seinem Rücken zuckelt sein Rucksack auf und ab, um seine Knöchel hechelt sein Dackel mit im Trab. So wackeln sie zum Picknick zum Müggelsee hinaus, da wickelt er den Bückel auf Pumpernickel aus. Sein Dackel jagt Karnickel, er räkelt sich im Gras und hakelt die Mixpickels aus seinem Gurkenglas.

6. Der Büsumer Hummer Tim und der Amrumer Hummer Tom, die waren einander gram, weil der Hummermann Tom dem Tim und der Hummermann Tim dem Tom die Hummer-

frau Emma nahm. Warum nur der Jammer? Warum nur der Kummer? Warum denn nur immer der Jammer und Kummer um Hummerfrau Emma, warum?

7. Gas, Moto Guzzi, das war Palermo! Gas, Moto Guzzi, auf nach Salerno! Cento quaranta, das war Cosenza. Cento cinquanta, das war Potenza! Gas, Moto Guzzi, durch die Abruzzen, Tivoli, Roma, Ostia verputzen! Cento sessanta, das war Pescara, Cento settanta was, schon Carrara? Gas, Moto Guzzi, Vollgas auf Nizza, und auf der Piazza, Chianti und Pizza!.

Zungenbrecher in Fremdsprachen

In meinen bisherigen drei Büchern zu Wortspielen wurden eine ganze Reihe von Zungenbrechern in Englisch, Französisch, Italienisch und Spanisch aufgeführt. Es gibt zwar noch viele weitere, aber diesmal sollen nur einige osteuropäische Zungenbrecher vorgestellt werden.

Russische Zungenbrecher (Скороговорки)

Es folgen drei der bekanntesten russischen Zungenbrecher.

Ехал Грека через реку, видит Грека в реке рак. Сунул Грека руку в реку. Рак за руку Грека цап!

Ekhal Greka tcherez reku, vidit Greka v reke rak. Sunul Greka ruku v reku. Rak za ruku Greka tsap! (Greka überquert einen Fluss und sieht einen Crayfisch. Greka greift mit der Hand in das Wasser. Ein Crayfisch beißt in Grekas Hand).

На дворе трава, на траве дрова.

Na dvore drava, na trave drova

(Es ist Gras auf dem Hof, es ist Feuerholz auf dem Gras).

Кукушка кукушонку Купила капюшон Надел кукушонок капюшон в капюшоне кукушонок смешон.

Kukushkakukushonkukupilakapyushon Nadelkukushonokkapyu-
shon Vkapyushonekukushonoksmeshon (Ein Kuckuck kaufte
einen Haken für ein Kuckuck-Baby. Das Kuckuck-Baby sitzt
auf dem Haken. Es sieht nett aus auf dem Haken).

Tschechische Zungenbrecher (jazykolamy):

Tři sta třicet tři stříbrných stříkaček stříkalo přes tři sta
třicet tři stříbrných střech. Přišel za mnou jeden Řek, a ten
mi řek, abych mu řek, kolik je v Řecku řecko-řeckých řek.
A já mu řek, že nejsem Řek, abych mu řek, kolik je v Řecku
řecko-řeckých řek (Übersetzung liegt nicht vor).

Polnische Zungenbrecher

Idzie Jerzy i nie wierzy, że na wieży jest
sto jeży i pięćdziesiąt jeżozwierzy
(Jürgen geht und glaubt nicht,
dass auf dem Turm 100 Igel
und 50 Stachelschweine liegen).
W czasie suszy szosa sucha
(In der Trockenzeit bleibt
die Straße auch trocken).
Król Karol kupił Królowej Karo-
linie korale koloru koralowego
(König Karl kauft für Königin Karo-
lina eine korallenfarbene Kette).

Diverses

Pseudofranzösisch

Le temps se met à la neige - Die Zeit geht zur Neige.
In welcher Stadt haben die Einwohner Glatzen? In Cahors.
In welcher Stadt scheint die Sonne nicht? In Carcassonne.

fils
_____ à l'astre à père à jeunesse =
terre
„Der Suff is a Laster, aber a schönes" (terre sous fils).

Napoleon nannte die Stadt Graz am Ufer der Mur, in der er
1797 einrückte, „die Stadt der Grazien am Ufer der Liebe" –
„la ville des Grâces au bord de l'amour" (de la Mour).

Was bedeutet diese französische Rätselinschrift?
Mai(s) que faire? Flic! ... de ... infa(n)terie ... (e)stime que ...
rig(i)de ... y n'e(st) mo(u) ... terre ... y (e)stime pomm(e) (v)ers
Landes ... où ... ne d(é) ... pomm(e) (v)ers Land(es) ... y est
ab(ré)gé ... brande ... Mai(s) que faire? Flic!

Lässt man die Buchstaben in Klammern weg, ergibt sich auf
Deutsch: „Maikäfer, flieg! Dein Vater ist im Krieg. Deine
Mutter ist im Pommerland, und Pommerland ist abgebrannt.
Maikäfer flieg!" Das Maikäferlied ist ein altbekanntes Volks-
lied. Es wurde erstmals im Dreißigjährigen Krieg gesungen,
der auch weite Teile Pommerns verwüstete.

Gedanken beim steifen Grog von Fred Endrikat

Wo ein Grog ist - da ist auch ein Keller.
Wo eine Zeche - ist auch ein Preller.
Wo ein Tsching - da ist auch ein Bum.
Wo ein Kümmel - da ist auch ein Rum.
Wo ein Mat ist - ist auch ein rose.
Wo ein Wind - ist auch eine Hose.
Wo ein Luv ist - ist auch ein Lee.
Wo ein W - da ist auch ein C.
Wo eine Ana - ist auch die lyse.

Wo eine Kom ist - ist auch die büse.
Wo ein Kauta - da ist auch ein bak.
Wo ein Dudel - da ist auch ein Sack.
Wo ein Säbel - da ist auch die Scheide.
Wo ein Schorf ist - da ist auch die Heide.
Wo ein Labs ist - da ist auch ein kaus.
Wo eine Freude - da ist auch ein Haus.
Wo ein Stein ist - da ist auch ein häger.

Wo ein Schorn - ist auch ein steinfeger.
Wo ein Kampf ist - da ist auch ein Sieg.
Wo eine Jungfer - da ist auch ein Stieg.
Wo ein Amboss - da ist auch ein Hammer.
Wo eine Katze - ist auch ein Jammer.
Wo eine Hexe - da ist auch ein Schuss.
Wo ein Kurz ist - da ist auch ein Schluss.

Fred Endrikat (1890-1942) war ein deutscher Schriftsteller
und Kabarettist. Seine humoristischen Kabaretttexte und –
lieder waren seinerzeit sehr erfolgreich.

Historisches - Ein- und Vorritt von Johann Fischart

(oder das Parat und Bereytschlag, in die Chronick vom Grandgoschier, Gurgellantual und Pantadurstlingern).

Ihr meine schlampampische gute Schlucker, kurtzweilige Stall und Tafelbrüder: ihr Schlaftrunckene wolbesoffene Kautzen und Schnautzhän, ihr Landkündige und Landschlindige Wein Verderber und Banckbuben:
Ihr schnargarkische Angsterträher, Kutterufstorcken, Birpausen, und meine Zeckvollzepfige Domini Winholdi von Holwin: Ertzvilfraß lappscheisige Scheißhaußfüller und abteckerische Zäpfleinlüller: Freßschnaufige Maulprocker, Collatzbäuch, Gargurgulianer: Grosprockschlindige Zipfler und Schmärrotzer:
O ihr latzdeckige Bäuch, die mit eim Kind essen, das ein rotzige Nasen hat: ja den Löffel wieder holt, den man euch hinder die thür würfft: Ja auch ihr fußgrammige Kruckenstupfer, Stäbelherrn, Pfatengramische Kapaunen, händgratler, Badenwalfarter: Huderer, Gutschirer, Jarmeßbesucher.
Ihr gargantztunige Geiermundler und Gurgelmänner, Butterbrater, Safransucher, Meß und Marcktbesucher, Hochzeitschiffer, Auffhaspler, Gutverlämmerer, Vaterverderber, Schleitzer, Schultrabeiser: Und du mein Gartengeselschafft vom Rollwagen, vom Marckschiff, von der Spigeleulen, mit eueren sauberen Erndfreien Herbstsprüchen.
Ihr Sontagsjüngherlin mit dem feyertäglichen angesicht, ihr Bursch und Marckstanten, Pflastertretter, Neuzeytungspäher, Zeitungverwetter, Naupentückische Nasen und Affenträher, Rauchverkeuffer, Geuchstecher, Blindmeuß und Hütlinspiler, Lichtscheue Augennebeler: Und ihr feine Verzuckerte Gallen und Pillulen, und honiggebeitzte Spinnen.

Sihe da, ihr feine Schnudelbutzen. Ihr lungkitzlige Backenhalter und Wackenader, ihr entenschnaderige, langzüngige Krummschnäbel, Schwappelschwäble, die eym eyn Nuß vom Baum schwetzen: ihr Zuckerpapagoi, Hetzenamseler, Hetzenschwetzer, Starnstörer, Scherenschleiffer, Rorfincken, Kunckelstubische Gänsprediger, Schärstubner, Judasjagige Retscher, Waffelarten, Babeler und Babelarten, Fabelarten und Fabeler, von der Babilonischen Bauleut Eynigkeyt.

Ihr Hildenbrandsstreichige wilde Hummeln, Bäumaußreisser, Trotzteuffelsluckstellige Stichdenteuffel und Poppenschiser, die dem Teuffel ein Horn außrauffen, und Pulferhörnlein drauf schrauffen.

Und endlich du mein gassentrettendes Bulerbürstlein, das hin und wider umbschilet, und nach dem Holtz stincket, auch sonst nichts bessers thut, dann rote Nasen trincket, und an der Geysen Elenbogen hincket. Ja kurtzumb du Gäuchhornigs und weichzornigs haußvergessen Mann und Weibsvolck, sampt allem anderen dürstigen Gesindlein, denen der roh gefressen Narr noch auffstoset.

Johann Baptist Fischart (1546-1591) war ein frühneuhochdeutscher Schriftsteller. Nach der Lateinschule in Worms studierte er an der Universität Tübingen, ab 1566 reiste er nach Flandern und Paris. In Basel promovierte er 1574 zum Doktor der Rechte, 1583 wurde er Amtmann in Forbach.

Erst Lutheraner, dann Calvinist, schrieb er an gegen den Verfall der Sitten, das Papsttum und die Jesuiten.

Meisterhaft ist seine Wortspielkunst, berühmt sind seine zahlreichen Worterfindungen (die scherzhafte Bezeichnung Gänsewein für Wasser ist erstmals in einem seiner Werke erwähnt). Viele seiner Werke gelten als Beispiele des Grobianismus.

Weisheiten und Sprüche

Aal zu viel ist ungesund.

Abkürzung: Der schnellste Weg zu einem Ort,
wo man nicht hin wollte.

Ab und zu muss man mal sündigen,
damit man den Spaß an der Tugend nicht verliert.

Achtung! Bei Grippe keine Anstecknadel tragen!

Achtung, Damen! Ein Kürschner ist ein Mann für alle Felle!

Abstinenz ist eine Schnapsidee.

Abstinenz ist für Leute,
die mit dem Kater
nicht umgehen können.

Abstinenzler
berauschen sich an
ihrer Nüchternheit.

Alkohol bringt einen
langsam um? Na und?
Wir haben's nicht eilig.

Alkohol macht phlegmatisch?
Ist mir doch wurscht.

Allergien sind ausschlaggebend.

"Aller Mannfang ist schwer",
seufzte die alte Jungfer.

Alles im Lout auf'm Bout,
alles in Buddä auf'm Kuddä.

Alles ist geliehen, nur der
Leihwagen ist geklaut.

Alles rodscha in Kambodscha,
alles okeh in Taipeh.

Alles scheint zu sein, wie es ist,
nichts scheint zu sein, wie es aussieht.

Alles, was lediglich wahrscheinlich ist,
ist wahrscheinlich falsch.

Alles, was man sucht, findet man dort,
wo man zuletzt nachschaut.

Alle Zähne sollen Dir ausfallen - bis auf einen:
Für Zahnschmerzen!

Allrad-Autos bleiben dort stecken,
wo der Abschleppwagen nicht hinkommt.

Alltag in der Raumkapsel. Apollo an NASA:
"Milchstraße passiert, alles in Butter."

Als den Friseur die Geschwindigkeit lockte,
scherte er aus und rasierte die Bordsteinkante.

Als es dem Hemdenhersteller an den Kragen ging,
hatte er plötzlich Manschetten.

Als ich die Relativitätstheorie begriffen hatte,
fiel mir Einstein vom Herzen.

Also vom Feeling her hab ich ein gutes Gefühl.

Als Winnetou starb, ließ er sich nichts anmerken.

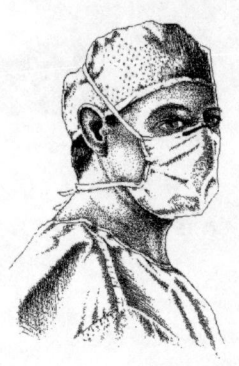

Altmodische Chirurgen bevorzugen
bei der Operation den Scherenschnitt.

Alt werden will jeder, alt sein keiner.

Alzheimer Export –
Das Bier für den, der vergessen will.

Amigos können nicht die Faust ballen,
weil sie überall die Finger drin haben.

Amnesie war einmal mein Lieblingswort,
aber dann hab' ich's vergessen.

Amputation klingt schrecklich,
aber hinterher fühlt man sich leichter.

Am verführerischsten wirkt immer noch der Duft
frischgedruckter Tausender.

An den Baum mit lautem Knall,
flog der Specht, denn er war prall.

Angelschnur: Geduldsfaden.

Angst vor Langeweile ist die einzige
Entschuldigung für Arbeit.

An manchen Tagen bist Du die Taube,
an manchen das Standbild.

An manchen Tagen geht alles schief,
aber dafür klappt an anderen gar nichts.

An manchen Tagen ist man der Hund,
an manchen die Laterne.

An manchen Tagen klappt einfach alles,
aber keine Angst, das geht vorüber.

An Mitgift ist noch keiner gestorben.

An Zweideutigkeiten nimmt nur Anstoß,
wer eingleisig denkt.

Arbeit adelt - da bleib' ich lieber bürgerlich.

Arbeiten ist menschlich, faul sein göttlich.

Arbeit geben ist seliger, als Arbeit nehmen.

Arbeit hat noch keinen umgebracht,
aber warum unnötig ein Risiko eingehen?

Arbeit ist die Würze des Lebens - benutze sie sparsam!

Arbeit macht das Leben süß –
und zu viel Süßes ist ungesund.

Arbeit macht Spaß - aber wer kann schon Spaß vertragen?

Arbeitslosigkeit ist häufig nur auf
mangelhafte Einstellung zurückzuführen.

Arbeitswut tut selten gut.

Arme haben Beine. Arme haben Arme.
Beine haben keine Arme. Arme Beine!

Arm und geisteskrank = verrückt,
reich und geisteskrank = exzentrisch.

Armut, Keuschheit und Gehorsam,
unerträglich sind sie alle.

Arroganz ist die Kunst,
auf seine eigene Dummheit stolz zu sein.

Ärztlicher Rat: Wenn man seekrank ist,
sollte man nicht übers Knie brechen.

Astronauten tragen das schwere Los der Schwerelosigkeit.

Atheismus beleidigt Gott nicht so sehr,
wie religiöser Fanatismus.

Atheismus wäre ja eigentlich ganz schön,
aber man hat zu wenige Feiertage.

Atheisten glauben lediglich
an einen Gott weniger als die meisten.

Auch andere machen Fehler,
aber wir haben darin die meiste Erfahrung.

Auch aus Steinen, die einem in den Weg gelegt werden,
kann man Schönes bauen.

Auch der Längste kann von zu vielen Kurzen
ganz schön breit werden.

Auch dumme Menschen haben kluge Gedanken.
Sie merken es nur nicht.

Auch ein blindes Huhn findet mal eine lahme Ente.

Auch ein blindes Huhn findet mal einen Korn.

Auch eine halbe Portion kann ein Doppelleben führen.

Auch Milliardäre haben
mal klein angefangen:
als Millionäre.

Auch wenn man die Welt
nicht braucht, ist es gut,
zu wissen, dass es sie gibt.

Auf dem Baum saß ein Specht,
der Baum war hoch,
dem Specht war schlecht.

Bäsekrötchen mit Pimmelschilzen wecken schmiderlich.

"bar" hat "atü" ersetzt.
Nur die Feuerwehr macht noch nicht "tbartata".

Beamtenexpander:
Zwei Büroklammern und ein Paketgummi

Beethoven beim Vogelfüttern:
"Wir Tauben müssen zusammenhalten!"

Beethoven war so taub, dass er dachte, er malt.

Begabte Menschen finden Lösungen,
Genies entdecken Probleme.

Behindert ist man nicht, man wird es.

Bei Aldi im Angebot: Riesen-Fruchtzwerge.

Bei der Geburt ist man noch nicht fertig.
Das machen sie einen erst später.

Bei Dreckfuhlern muss man
aufpussen wie ein Lachs.

Bei Einbruch der Nacht ist
mit Dunkelheit zu rechnen.

Bei guter Verpflegung können wir die
größten Strapazen entbehren.

Bei jeder Diskussion gibt es mehrere Standpunkte –
meinen und die falschen.

Bei Dir hilft kein Schönheitsschlaf - Du brauchst ein Koma!

Bei Dir wäre ein Gehirnschlag ein Schlag ins Leere!

Bei doppelseitig verwendbarem Toilettenpapier
liegt der Nachteil auf der Hand.

Bei kaltem Wetter läuft die Nase,
bei kaltem Bier passiert's der Blase.

Bei Kniezwicken oder Nebelbildung sagen Sie
ihrem Arzt, er wär'n Apotheker.

Beim Anwenden von Faustregeln
braucht man Fingerspitzengefühl.

Beim diesjährigen Heuschnupfen
schnupfte der Sieger eine
ganze Wagenladung Heu.

Beim Psychiater:
„Herr Doktor, meine Frau
sagt immer, ich sei eine Uhr."
„Ach was, die will Sie doch
nur aufziehen!"

Beim Tollfanken des
Kaninbenzisters Einstüllfutzen
forgsältig hestfalten!

Beim Zahnarzt.
„Doktor, wie steht's denn um meine Zähne?"
„Alles in Ordnung, nur Ihr Kaugummi
müsste mal erneuert werden!"

Bei Politikern bedeutet Immunität auch Beratungsresistenz.

In der Drogerie im Angebot:
Zäpfchen zum Einführungspreis.

Bekämpfe jeden Tag ein Feuer.
Wenn Du keins findest, lege eins.

Bekommt man einen Schlummerkuss,
dann ist gleich mit dem Kummer Schluss.

Benimm Dich nicht schon wieder wie
ein Protestant im Cellophanladen!

Benutze nie ein Fremdwort,
wenn es ein adäquates deutsches Wort gibt!

BENZ = Bei Elch Notbremse Ziehen.

Besuch erfreut immer - spätestens, wenn er wieder geht.

Bergsteiger sind
von Fall zu Fall
verschieden.

Bescheidenheit ist
eine Zier, doch reich
wird man nur
mit Neid und Gier.

Beruf und Ehepartner:
Er ist Maler, und sie die Lackierte.
Er ist Elektriker, und sie ist geladen.
Sie ist Putzfrau, und er geht ihr durch die Lappen.
Er ist Dirigent, und sie bläst ihm den Marsch.

Bewirb Dich doch mal auf
einem Fischkutter - als Geruch!

Bienen geben keinen Honig,
er wird ihnen von uns weggenommen.

Bier - das ist der Stoff,
aus dem die Schäume sind.

Bier enthält Eisen,
darum redet man immer Blech,
wenn man sich vollschüttet.

Bier macht dick, Schnaps macht krank –
ich bin Kiffer, Gott sei Dank!

Bier verschütten ist Alkoholmissbrauch!

"Big brother is watching you" heißt:
"Der große Bruder gibt Dir eine Watsche"

Billig-Reedereien setzen als Öltanker
gerne Auslaufmodelle ein.

"Bitte 2 Pfund Mehl!"
"Das heißt Kilo!"
"Also gut, 2 Pfund Kilo."

Bloß weil man
jeden Morgen
einen Kater hat,
ist man noch lange
nicht tierlieb.

Blutarmut schändet nicht!

Blüte: "Bestäube mich!"
Biene: "Keine Lust, bin Wespisch!"

Brehms Tierleben ist für die meisten Leute
ein Buch mit sieben Igeln.

"Britische Flagge" auf Chinesisch: Yun Yen Tchek

Buchen Sie jetzt! Eichen können Sie später!

Buddhistisches Standesamt? –
Nee, Statistisches Bundesamt!

Büroklammern sind die Larven
von Drahtkleiderbügeln.

"Charakter": Was Du bist.
"Guter Ruf": Wofür man Dich hält.

Chinesischer Schutzgott des Einzelhandels:
Wat-Schon-Zu.

Cinzano in corpore sano!

Clown auf Arabisch:
Alle ma'lache.

Colliedieren:
mit einem schottischen
Schäferhund zusammenprallen.

Dämmerung: Fastnacht.

Damenfahrräder sind meistens herrenlos.

Dampf ist Wasser, das sich vor Hitze aus dem Staub macht.

Darf ich Dir das "Sie" anbieten?

Darf man mit Hosen zu einem Rockkonzert?

Das beliebteste Haustier ist und bleibt
das halbe Hähnchen.

Das beste Mittel gegen eine Überdosis Realität ist Humor.

Das Ei des Damokles trifft
immer den Falschen.

Das Einzige, was man ohne Geld machen kann,
sind Schulden.

Das Einzige, was sich Politiker gern vorhalten lassen,
ist ein Mikrophon.

Das einzige, was wir über die Zukunft wissen, ist,
dass sie noch vor uns liegt.

Das erste Mal nach den Feiertagen wieder auf die Waage:
Die Zunahmi-Katastrophe und der Pfundstarrkrampf.

Das Fernsehen hat die Welt wieder
zu einer Scheibe gemacht.

Das Füttern von Fischen
und Vögeln im Park
ist nicht gestattet.

Das Gegenmittel zu
Viagra? Terpentin.
Das macht den Pinsel weich.

Das Gewissen verhindert nicht die Sünde.
Es verdirbt nur die Freude daran.

Das Sekundäre ist in erster Linie zweitrangig.

Das Leben ist eine Insel.
Was Du nicht selbst mitbringst,
gibt es nicht.

Das Rossbeaf ist ein besonders
gutes Stück vom Pferd.

Das Schwimmen wird durch
die Existenz von Wasser
sehr erleichtert.

Das Spektrum der
Gewalt reicht von
Ultraviolent bis Infratot.

Dein Auto?
Das ist kein Auto,
sondern eine überdachte Zündkerze!

Dein Verstand qualifiziert Dich für einen
Behinderten-Parkplatz!

Der beste Sender ist der Tausender.

Der Dow-Jones funkelt
auf den Börsenblättern,
und der Dax schläft
noch im Bau.

Der einzige Mist,
auf dem nichts wächst,
ist der Pessimist.

Der einzige Unterschied zwischen Genie und Wahnsinn
ist der Erfolg.

Der Feuerwehrmann war so geschlaucht,
dass er erst mal seinen Durst löschen musste.

Der Finanzminister macht seine Sache ausnehmend gut.

Der Gonokokkus sitzt und lauscht,
wie der Urin vorüberrauscht.

Der Greis ist willig, aber das Fleisch ist schwach.

Der größte Feind der Wespentaille ist der Bienenstich.

Der Hering zur Scholle: „Mir ist furchtbar übel!" –
„Dann geh' doch zum Heilbutt!"

Der höchste Feiertag für einen Juristen ist das Richtfest,
der schönste Urlaub ist im Juragebirge.

Der Horcher an der Wand, ist beim BND bekannt.

Der Imperativ heißt nach seinem Erfinder Kant
der "kantegorische".

Der Kunde ist König,
die Monarchie ist allerdings seit 1918 abgeschafft.

Der Messerheld war einfach bestechend.

Der Pfeilschwanzkrebs wird ziemlich geil,
reibt man ihn am Krebsschwanzpfeil.

Der Pferdeapfel heißt Pferdeapfel,
weil er vom Pferde abfällt.

Der Polizist fragt den Verkehrssünder: "Ihr Name?"
"Zscherboinski-Czrypziak." - "Und wie schreibt man das?"
"Mit Bindestrich!"

Der unsicherste aller Verschlüsse ist
das Siegel der Verschwiegenheit.

Der Unterschied zwischen Unwissenheit und Apathie?
Wen juckt's?

Der Usus von Fremdwörtern ist
auf ein extremes Minimum zu reduzieren.

Der Zecher soll bei Magenleiden,
den Wein aus sauren Lagen meiden.

Detlev, der Depp,
demoliert die Damentoilette!
Darf der das denn?

Deutschland ist keine Bananenrepublik.
Dazu ist das Wetter zu schlecht.

Die BahnCard gilt in allen Zügen,
außer Lungen-, Flaschen- und Schonbezügen.

Die Basis ist das Fundament
jeder Grundlage.

Die letzten Worte
des Löwenjägers:
"Und ich dachte,
es sei mein Magen,
der knurrt..."

Die Berühmtheit mancher Leute basiert
auf der Blödheit ihrer Bewunderer.

Die besten Köche benutzen zum Kochen Wein.
Manche tun ihn sogar ins Essen.

Die beste Waffe gegen Logik ist Dummheit.

Die Botschaft hör' ich wohl,
allein mir fehlt 'ne Schraube.

Die beste Vorspeise
zu einer Pellkartoffel
ist ein halber Hummer.

Die Breite an
der Spitze ist
dichter geworden.

Die Chinesen haben das Papier erfunden.
Aber warum so viel?

Die Dauer einer Besprechung
ist proportional zum Quadrat
der Teilnehmerzahl.

Die deutsche Meisterschaft im Messerwerfen
wurde durch ein Stechen entschieden.

Die dicksten
Bauern ernten
die dümmsten
Kartoffeln.

Die, die die, die die Wiese betreten, anzeigen,
erhalten eine Belohnung.

Die Dummen haben zwar das Pulver nicht erfunden,
aber sie schießen damit.

Die dunkle Seite der Macht ist die Schokoladenseite.

Die einen hoffen, dass die Flut Vernunft annimmt;
die anderen bauen Deiche.

Die einzige Disziplin, bei der ein Heimspiel
keinen Vorteil bringt, ist Krieg.

Die ersten drei Tage am Nacktbadestrand
sind die härtesten.

Die Eselsbrücke ist die kürzeste Verbindung
zwischen zwei Gedächtnislücken.

Die Fehler, aus denen man lernen kann,
sollte man möglichst bald machen.

Die Frauen haben die Sprache erfunden.
Aber warum so viel davon?

Die Heiratsvermittlerin zu ihrem Architekten:
„Welchen Stil würden Sie mir denn
für mein neues Haus empfehlen?"
Der Architekt: „Einen Kuppelbau!"

Die gefährlichsten Affen
sind die Feuerw-Affen.

Die hervorstechendste
meiner vielen Tugenden
ist die Bescheidenheit.

Die Frau ist die einzige Beute,
die ihrem Jäger auflauert.

Die Kripo ist vorbildlich
beim Energiesparen –
sie tappt meistens
im Dunklen.

Die kürzeste Verbindung
zwischen zwei Menschen ist ein Lächeln.

Die Leute haben es satt,
gesagt zu kriegen, was sie satt haben.

Die Linke will mehr Rechte,
aber die Rechte will weniger Linke.

Die meisten Deutschen können Kölsch
weder verstehen noch trinken.

Die meisten, die über die Wahrheit stolpern,
stehen auf und gehen weiter.

Die meisten Menschen sterben mit 25 Jahren,
werden aber erst mit 75 begraben.

Die meisten Unfälle werden von
nüchternen Fahrern verursacht. Na dann Prost!

Die Marine nimmt nur noch
Nichtschwimmer.
Die verteidigen
ihr Schiff länger.

Die Moral ist die Rache der geistig Armen an den Klügeren.
(Nietzsche)

Die Phönizier haben das Geld erfunden –
Aber warum so wenig?

Diese Woche im Baumarkt: Badewannen –
Auslaufmodelle 30% billiger!

Die Wandervögel haben sich getrennt,
die eine Hälfte will nur noch wandern.

"Die Zähne sind ok, aber Ihr Zahnfleisch..."
sagte der Zahnarzt zum Skelett.

Edel sei der Mensch, Zwieback und gut.

Eher findet ein Blinder einen Korn,
als ein Tauber Bischofsheim.

Eigentlich bin ich ganz anders,
aber ich komme so selten dazu.

Eine Flaute ist nur halb so schlimm,
wenn man rechtzeitig davon Wind bekommt.

Eine Frau die ihrem Mann einheizt,
darf sich nicht wundern,
wenn er Dampf ablässt.

Eine Sekretärin muss die Tassen abspülen,
die ihr Chef nicht im Schrank hat.

Eine Treuhand wäscht die andere.

Ein Holzweg endet meistens in einer Sackgasse.

Einsame
Festplatte sucht
einsamen Virus!

Eins, zwei, drei,
vier, fünf, sechs,
sieben, neun, zehn, elf.
Wenn man Zahlen einfach
so achtlos dahinsagt.

Ein Taucher auf dem Meeresgrund
hört eine Stimme im Kopfhörer:
„Komm rauf, wir gehen unter!"

Ein Wort ohne „k"? ....Allohol!

Ein Wort mit „k"? ....Alloholkontrolle!

"Endlich mal wieder abschalten",
sagte der Pfleger auf der Intensivstation.

Entwarnung:
Beim Gammelfleisch ist alles wieder im grünen Bereich.

Er Bochum die Ecke, um Dortmund-ter zu pin-Köln.

Er ist eingebildeter, als ein Gebildeter sein sollte.

Ernährt Euch von Diäten, Politiker können nicht irren.

Er war Mathematiker, und sie ließ auch fünf gerade sein.

Er war Meteorologe, und sie war auch unbeständig.

Er war ein Mann wie ein Baum. Man nannte ihn Bonsai.

Esel sei der Mensch,
störrisch und klug!

Es fasst des Nachts
der Leguan,
sehr gern die
Leguanin an.

Es gibt Menschen, die
aus dem Rahmen fallen,
obwohl sie gar nicht
im Bilde sind.

Es gibt zwei große Enttäuschungen im Leben eines Mannes:
Das erste Mal, wenn es das zweite Mal nicht mehr klappt.
Das zweite Mal, wenn es das erste Mal nicht mehr klappt.

Es ist ein Brauch von alters her:
Die Dicken sind besonders schwer.

Es ist mir egal, wo Du hin gehst,
Hauptsache, Du verläufst Dich.

Es kann schon vorkommen,
dass ein Mechaniker am Dienstag Montage hat.

Es sagt der Holzwurm
zu seiner Freundin:
„Komm mit, ich weiß wo ein
rustikales Buffet steht!"

Es sagte der Igel
nach der Scheidung:
„Ich hatte ihre
Sticheleien
einfach satt!"

Es sprach der Prinz von Pakistan:
"'s wird mir z'spät, jetzt pack' i's dann."

Es sprach der Schah von Teheran:
"Geht nicht an meinen Tee heran!"

Es sprach ein Mann in Eisleben:
"Hast Du kein Geld, dann leih's eben!"

Es sagte der Ölkunde
mit bitterer Miene
zu seiner Frau:
„Süße, jetzt ist alles
Essig, denn ich bin
sauer wegen der
gesalzenen Rechnung!"

Es sagte der Restau-
rantgast: „Der Koch war
einfach rührend!"

Es sagte die Gattin zu ihrem Mann:
„Jetzt ist es zu spät mir Recht zu geben –
Ich bin inzwischen wieder anderer Meinung!"

Es sprach der Eber zum Stiere:
„Wie geht es deiner Niere,
und deinem Kind, dem Rind?"
Da sprach der Stier zum Eber:
„Wie geht es Deiner Leber,
und Deiner Frau,
der Sau

Es stimmt nicht, dass man bei der Taufe
von Schulschiffen Tinte statt Sekt verwendet.

Es war einmal ein alkoholisierter Fotoreporter,
der brachte nur noch Schnapsschüsse fertig.

"Frag doch mal, wie's mir geht!" –
"Wie geht's Dir?" – "Ach, frag nicht!"

Freiheit für die Glühbirnen!
Nieder mit dem Lampenfieber!

Freiheit für die Hamburger!
Nieder mit McDonald's!

Freiheit für
die Rentiere!
Nieder mit dem
Weihnachtsmann!

Freiheit für Grönland!
Nieder mit dem Packeis!

Freiheit: Man fragt sich morgens, was man tun soll.
Zwang: Man weiß es.

Frisörmeister zu seinem Lehrling:
„Wenn du im Laden fertig bist,
gehst du auf den Hof und frisierst mein Motorrad!"

Früher war ich unentschlossen,
aber jetzt bin ich mir da nicht mehr so sicher.

Für die einen ist es ein roter Faden,
für die anderen ein Stolperdraht.

Für die einen ist es Klopapier,
für andere die längste Serviette der Welt.

Für die einen ist es Sandpapier,
für die anderen eine Karte von der Sahara.

Für die einen ist es Sushi,
für die anderen der teuerste Köder der Welt.

Für die einen sind es zwei Ringe,
für andere die kürzeste
Kette der Welt.

Für welches Tier wird
am meisten gearbeitet?
Für die Katz.

Gärtner trinken ihr
Bier aus der Tulpe
und achten auf die Blume.

Ganz normal ist, wenn ein Kammerjäger
bei seiner Arbeit die Motten kriegt.

Gehen zwei Wurstsemmeln über die Straße,
sagt die eine zur anderen: "Du dein Gurkerl hängt raus!"

Gentleman: Jemand, der sich einer Frau vorstellt,
bevor er ihr nachstellt.

Gestern hat die Brigitte bei mir angerufen,
obwohl ich sie schon seit einem Jahr nicht mehr lese.

Gestern war ich auf dem Finanzamt.
Denen hab' ich's aber gegeben!

Gesucht wegen Einbruchs: Der Winter und die Dunkelheit.

Glühbirnen sind leicht aus der Fassung zu bringen.

Grönlands Nationalhymne: "Wie eiskalt ist dies Ländchen..."

Hast Du eigentlich schon Deinen Antrag auf
Altersdemenz eingereicht?

Hast Du heute schon Deinem Chef
den Papierkorb angezündet?

Hast Du heute schon Deine neuro-linguistische
Programmierung refaktoriert?

Hast Du heute schon Deine sozio-emotionalen
Stützfaktoren überprüft?

Was trinken die beiden Vampire Brigitte und Helga?

Hast Du heute
schon Deine
Tastatur
ausgeschüttelt?

Hast Du heute
schon einen
Vampir gepfählt?

Hast Du heute schon jemandem
eine Schwiele ins Trommelfell gesülzt?

Hast Du heute schon mal über
sozialverträgliches Frühableben nachgedacht?

Hast Du heute schon was Nettes zu
Deinem Toaster gesagt?

Hast Du schon die Grasstrommel
von Günter Blech gelesen?

Heisenberg war hier... oder vielleicht auch nicht.

"Heiße Würstchen!" - "Angenehm, heiße Gruber!"

"Herr Ober, bitte die Karte!" –
"Von Deutschland oder von Europa?"

"Herr Ober, bitte einen Zahnstocher!" –
"Tut mir leid, sind alle besetzt."

"Herr Ober, Buchstaben!" - "Wie bitte?" –
"Bei Zahlen kommen Sie ja nicht!"

"Herr Ober, haben Sie
Zucker?" - "Nee, Gicht!"

"Herr Ober, ich hab'
Hunger wie'n Wolf." –
"Tut mir leid, Rot-
käppchen ist aus."

"Herr Ober, in meiner Suppe ist eine Wespe!" –
"Fliegen sind leider aus."

"Herr Ober, in meiner Suppe schwimmt ein Hörgerät!" –
"WIE BITTE?"

"Herr Ober, kann ich zahlen?" –
"Weiß nicht, haben Sie Geld?"

„Herr Ober, was soll denn die Fliege in meiner Pilzsuppe?" –
„Ach, hatten Sie nicht Fliegenpilzsuppe bestellt?"

"Herr Ober, Wein!"
"Rot oder weiß?"
"Egal, bin farbenblind."

„He, Sie!" ruft der
Kutscher wütend.
„Was machen Sie denn da
mit meinen Pferden?"
„Entschuldigen Sie, aber
mein Arzt hat mir gesagt,
ich müsste unbedingt
etwas ausspannen!"

Heute im Fernsehen: Döner for One.

Heute im Kino: Das Klimakterium schlägt zurück.

Heute im Kino: Das Schweigen der Schlemmer.

Heute im Kino: Der Herr der Zwiebelringe.

Heute im Kino: Der mit dem Golf tankt.

Heute im Kino: Der Quatsch im Silbensee.

Heute im Kino: Der Radiator III - Die Rechnung.

Heute im Kino: Die unkenntliche Geschichte.

Heute im Kino: Friedhof der Kuchenteile.

„Heute Morgen hat mich im Bus ein Kontrolleur
so angeschaut, als ob ich nicht bezahlt hätte."
„Und was hast du getan?"
„Ich habe zurückgeschaut,
als ob ich bezahlt hätte!"

Heute schon jemanden auf die Irrungen
seiner Wege hingewiesen?

Heute schon probuliert?

Heute schon prokrastiniert?

Heute schon refaktoriert?

Heute schon rhinotillexiert?

Heute schon somnambuliert?

Heute schon was offensiv ignoriert?

Heute schon was verdralamangiert?

Heute schon was vergniesgnaddelt?

Historiker verfälschen die Vergangenheit,
Ideologen die Zukunft.

Hört auf, Bakterien zu töten!
Wir haben sonst bald gar keine Kultur mehr.

Hoffentlich wirst Du mal so alt, wie Du aussiehst.

Holzfäller sind für den Wald ein Sägen.

Hubschrauber
auf Türkisch:
Dröner Hebab

Hühneraugen bekämpft
man mit ihrem
natürlichen Feind,
dem Fuchsschwanz.

"Ich bin gerührt" sagte der Teig.

„Ich bringe meiner Frau jeden Morgen den Kaffee ans
Bett und trotzdem meckert sie!" - „Aber das ist doch
sehr nett von dir!"
„Das meine
ich auch, sie
braucht ihn
ja nur noch
zu mahlen!"

Ich bin Gott sei Dank Atheist.

"Ich esse meine Sippe nicht!"
Sagte der Kannibale, als man ihm seine Oma vorsetzte.

„Ich habe einen Anzug mit zwei Hosen!"
„Wäre mir zu warm!"

Ich lebe ständig über meine Verhältnisse,
aber noch lange nicht standesgemäß.

"Ich möchte ein Gyros-Konto eröffnen."
"Das ist bei uns nicht Ouzo."

Ich weiß nicht, ob Sie's wussten,
aber Flutlicht leuchtet auch bei Ebbe.

Ich weiß nicht, ob Sie's wussten,
aber im Weinkeller darf man auch lachen.

Ich will entweder weniger Korruption,
oder meinen Anteil.

„Ihr seid alle Aufschneider!"
sagte der Patient
zum Chirurgenteam.

Im Koma stets die
Flunder liegt,
weil sie auf
Bommerlunder
fliegt.

Im Walde rauscht der Wasserfall;
wenn's nicht mehr rauscht,
is's Wasser all'.

Impftermin: Stichtag.

In der Regel haben nicht nur Teebeutel einen Faden.

In der Regel passiert nichts.
Aber Ausnahmen bestätigen die Regel.

In der Schule.
„Weiß jemand das Gegenteil von Stickstoff?"
„Nähgarn, Herr Lehrer!"

In dieser Mitteilung manifestiert sich die
evokative Äquivalenz der Exorbitanz.

In dubio lambrusco!
In dubio problemo!
In dubio pro Deo!
In dubio pro forma!
In dubio programmo!
In dubio proleto!
In dubio promillo!
In dubio promiscuo!
In dubio propano!
In dubio prosciutto!
In dubio prosecco!
In dubio prostata.
In dubio protheso.
In dubio prozesso!

In Gefahr und großer Not,
bringt das Mittelmaß den Tod.

"Ist das Ihre neue Frau?"
"Nee, mit Perwoll gewaschen!"

Ist eine Gesichtscreme, die 20 Jahre jünger macht,
lebensgefährlich, wenn man erst 19 Jahre alt ist?

Ist ein Raumschiff,
das ausschließlich mit Frauen besetzt ist,
eigentlich unbemannt?

Ist es Geschäftsschädigung, wenn ich sage:
„Ich habe gerade bei Weight Watchers angerufen,
aber keiner hat abgenommen"?

"Ja, damals",
seufzte der Ochse,
"als ich noch
ein Boulevard..."

„Ist Ihnen bekannt,
dass den Murmeltieren
das Murmelspiel überhaupt
nicht bekannt ist?"

It's nice to be a Preiß,
higher to be a Bayer,
but it's top to be a Schwob.

Jeder hat sein Leibgericht – wir bevorzugen Moabit.

Jeder ist seines Glückes Schmied,
doch nicht jeder hat ein schmuckes Glied.

Jeder Penner hat'n Scanner, nur Max hat'n Fax.

Jung ist man nur für kurze Zeit,
aber man kann sein Leben lang kindisch sein.

Kaffee ist eigentlich ein Gemüse,
denn er wird aus Bohnen gemacht.

Kaffee wird kalt, Bier warm
(2. Hauptsatz der Thermodynamik).

Keine Panik auf der Titanic,
alles klar auf der Andrea Doria,
alles pretty im Intercity!

Die havarierte
Andrea Doria
kurz vor dem
Untergang
1956

Kettenrauchen hilft nicht gegen Eisenmangel.

Kinderlosigkeit ist bei Spaßvögeln häufig.

„Komisch, du hast weißes Haar und einen schwarzen Bart." –
„Wieso komisch? Der Bart ist doch auch 20 Jahre jünger."

Kommen kleine Leute nach einer Steuererhöhung
eigentlich noch an ihr Lenkrad?

Kommt ein Holzwurm zu seiner Frau nach Hause:
„Du, heute ist eine Holzladung
aus Hongkong angekommen.
Gehen wir chinesisch essen?"

Können Einzelgänger auch alleinstehend sein?

Können Schrauben eigentlich nagelneu sein?

Können sich Atheisten gegen "Höhere Gewalt"
versichern lassen?

Können Stammgäste überhaupt auf einen
grünen Zweig kommen?

Konfuzius sagen:
Schrauben in
Wand gut,
Nageln in
Bett besser.

Kriecher sind schwer
zu Fall zu bringen.

Kühe geben keine Milch.
Wir nehmen sie ihnen weg.

Kühlschrank kastrieren geht ganz
einfach: Tür auf, Eier raus, Tür zu.

Künstliche Intelligenz ist gar nichts,
verglichen mit natürlicher Dummheit.

Lakritze ist Spitze - aber Pizza ist Spizza!

Langlebigkeit ist eine Gabe,
die einem erst im Alter zuteil wird.

Lass keinen, der Dich mit "Pop Stolizei" aufhält,
für Dich in die Tute püsten!

Lava: Rinnstein.

Leben ist wie
Radfahren.
Du fällst
erst um,
wenn Du
aufhörst zu
strampeln.

Lehrer: "Bilde mir einen Satz mit 'säen' und 'Samen'!"
Schüler: "Auf Wiedersäen zusamen!"

Lehrer: "Was bedeutet das Wort 'Pianoforte'?"
Schüler: "Das Klavier ist weg!"

Lieber Anatomie, als Anna to you.

Lieber an der Quelle sitzen, als vor einer Mündung stehen.

Lieber Aquavit, als Aquaplaning.

Lieber aufrichtige Arroganz, als falsche Bescheidenheit.

Lieber beneidet, als getröstet.

Lieber die Taube auf dem Dach,
als den Kuckuck an der Tür.

Lieber durch Glück dümmer, als durch Schaden klug.

Lieber ein bisschen verstehen,
als eine Menge
missverstehen.

Lieber eine Fliege
im Porzellanladen,
als ein Elefant
in der Suppe.

Lieber Glühwein
im Rotkohl,
als Glykol im Rotwein.

Lieber Holz vor der Hütte,
als ein Brett vorm Kopf.

Lieber Mixed Pickles, als Akne.

Lieber ordentlich absahnen, als überall reinbuttern.

Lieber Schmetterlinge im Bauch,
als eine Laus auf der Leber.

Liegt im August noch
Schnee im Wald, ist's
für die Jahreszeit zu kalt.

"Mama, was ist eine Transe?" –
"Frag Papa, die weiß das!"

Manche leben so vorsichtig, dass sie wie neu sterben.

Manche Leute sind nur noch am Leben,
weil man für Mord in den Knast muss.

Manche Menschen wollen glänzen,
obwohl sie keinen Schimmer haben.

Manche trinken vom Quell der Weisheit –
Die meisten gurgeln nur.

Manche Wohnungen sind so hellhörig,
dass man nur Gedämpftes zubereiten kann.

Man kommt auf alten Kamellen kaum durch die Sahara.

Man muss Geist haben, um ihn aufgeben zu können.

Man kann nicht zurücktreten,
wenn man mit dem Rücken an der Wand steht.

Man muss auch mal auf Entbehrungen verzichten können.

Man preise nicht als Sittlichkeit,
den Mangel an Gelegenheit.

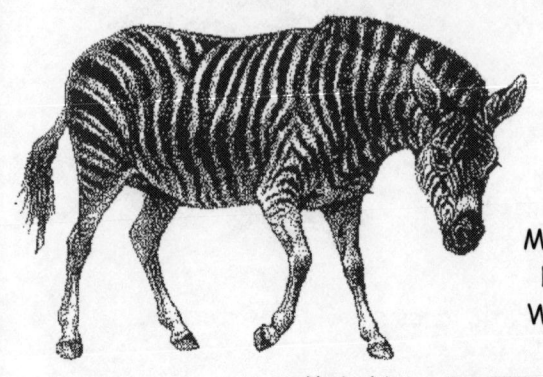

"Mein Cebra"
sagte Debraham,
"kann Ebraham
im Feb'ra ham."

Meine Geheimzahl ist 13.
Nach 13 Bier sagt der
Wirt immer: "Geh' heim!"

Mein Name ist Kurt. Jo Kurt.
Ich habe die Lizenz zum Löffeln.

Mein Name ist Band. Ton Band.
Ich habe die Lizenz zum Aufzeichnen.

Mein Name ist Klotz. Bau Klotz.
Ich habe die Lizenz zum Türmen.

"Mein Papa ist Anwalt." - "Ehrlich?"
"Nee, er ist wie alle anderen."

Menschen mit Stroh im Kopf
haben leider häufig Geld wie Heu.

Mens sana in campari soda.

Mens sana in corpore sano:

Wer in die Mensa geht,
braucht'n gesunden Körper.

"Menstruation!"
"Das heißt Revolution!"
"Egal, wenn
nur Blut fließt!"

Merkwürdig ist,
wenn ein Spukschloss
von allen guten Geistern
verlassen ist.

"Mischen impossible!" sagte
der Einarmige beim Skat.

Morgens ein Joint, und der Tag ist Dein Freund.

„Na, was macht Ihr kranker Goldfisch?"
„Danke, er ist schon wieder auf den Beinen!"

"Nennen Sie mir ein durchsichtiges Metall."
"Maschendraht!"

"Nennen Sie mir ein flüssiges Metall." - "Zinn 40!"

"Nennen Sie mir ein kleines, pelziges Lebewesen."
"Schimmel!"

Neurotiker bauen Luftschlösser,
Psychopathen wohnen darin,
und Psychiater kassieren die Miete.

Neu von der Buchmesse:
"Fünf Jahre Treuhand - ein kurzer Abriss."

Neu von der Erfindermesse:

Abgras-Turbolader für Rasenmäher
Abriebfeste Zündhölzer
Airbag zum Selbstaufblasen
Beamtenkondome (mit Bewegungsmelder)
Espresso-Infusionsbesteck
Flachkabel (für Kriechstrom)
Gasbetriebene elektrische Gitarre
Gefriergetrocknetes Trinkwasser
Haarfön mit obenliegender Lockenwelle
Kontaktlose Kontaktlinsen
Nadeldrucker für Weihnachtsbäume
Solarangetriebenes U-Boot
Spannungsabfalleimer
Telefonlose Schnur
Unsinkbarer Anker
Von außen verstellbarer Innenspiegel.

Nicht alles, was hinkt, ist ein Vergleich.

Nicht jeder Unternehmer,
der stiften geht, ist ein Mäzen.
Nicht jede Sekretärin kann
ihr Chefchen ins Trockene bringen.

Nicht jedes Schiff, das ausläuft, ist ein Tanker.

.

Nicht mal Vegetarier beißen gerne ins Gras.

"Nicht schlecht!" sprach der Specht,
und hämmerte, bis es dämmerte.

Noah war ein
echter Archetyp.

Noch so ein Ding –
Augenring!
Noch so ein Gag –
Zähne weg!
Noch so 'ne Aktion -
Intensivstation!
Noch so ein Satz –
Zahnersatz!
Noch so 'n Gelaber –
Protheseninhaber!

Normal ist, wenn ein pensionierter Bademeister
eine chlorreiche Vergangenheit hat.

Ob sich wohl der Schlitten vom Weihnachtsmann rentiert?

Ötzi muss aus Bern gewesen sein.
Sonst hätte ihn der Gletscher nie eingeholt.

O Herr, gib mir Geduld... Aber ein bisschen plötzlich!

Ohne Vergangenheit hat die Gegenwart keine Zukunft.

"Oje, ich glaub', ich bin ein Hypochonder!"
"Das bildest Du Dir bloß ein."

Paradox ist, wenn eine Bachforelle lieber Händel hört.

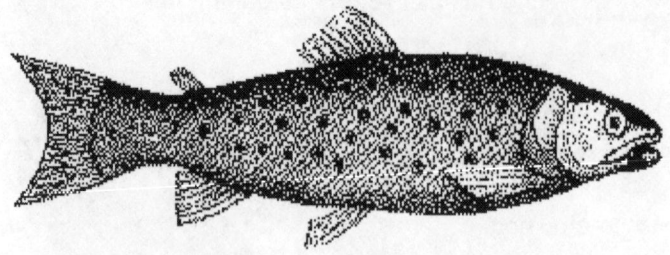

Parfümhersteller stecken ihre Angelegenheiten
in anderer Leute Nasen.

Pas de deux: "Vater von Zwillingen" auf Französisch.

Paulus schrieb an die Apatschen:
Glaubt an Gott, sonst gibt es Watschen!
Und ihr sollt nicht nach der Predigt klatschen!

Paulus schrieb an die Berserker:
Ihr seid stark, doch Gott ist stärker!

Paulus schrieb an die Burgunder:
Erst die Kollekte, dann das Wunder!

Paulus schrieb an die Chinesen:
Eure Schrift kann ich nicht lesen!

Paulus schrieb an die Klingonen:
Beherrscht mal Eure Aggressionen!

Paulus schrieb an die Korinther:
Strickt euch Socken, bald wird's Winter!

Paulus schrieb an die Mormonen:
Auch die Engel essen Bohnen!

Paulus schrieb an die Schoschonen:
Schickt mir Geld, Gott wird's euch lohnen!

Paulus schrieb an die Seldschuken:
Ihr sollt nicht in den Messwein spucken!

Paulus schrieb an die Vandalen:
Ihr sollt nicht ins Gesangbuch malen!

Paulus schrieb dem Heil'gen Geist:
Ich mag Dich nicht, damit Du's weißt!

Paulus schrieb den Alemannen:
Pisst nicht in die Badewannen!

Paulus schrieb den Amazonen:
Wollt Ihr Kinder, müsst Ihr klonen!

Paulus schrieb den Antipoden:
Bleibt mit den Füßen auf dem Boden!

Paulus schrieb den Bajuwaren:
Ihr sollt nicht an der Bildung sparen!

Paulus schrieb den Bolschewiken:
Ihr sollt nicht ohne Gummi fahren!

Paulus schrieb den frommen Kopten:
Wenn schon Fromms, dann die genoppten!

Paulus schrieb den Hottentotten:
Besorgt Euch schleunigst mal Klamotten!

Paulus schrieb den Irokesen:
Euch schreib ich nichts, lernt erst mal lesen!

Paulus schrieb den Juden:
's heißt Papst, nicht Pupst. So steht's im Duden!

Paulus schrieb den Kardinälen:
Ihr sollt zum Papst 'nen Weisen wählen!

Paulus schrieb den Kommunisten:
Bei Marx ist's besser, man vergisst 'n!

Paulus schrieb den Mamelucken:
Ihr sollt nicht so viel Messwein schlucken!

Paulus schrieb den Monegassen:
Wollt Ihr wohl das Zocken lassen?

Paulus schrieb den Niedersachsen:
Euch schreib ich nix, lernt erst mal faxen!

Paulus schrieb den USA:
Der Rote Mann war vor Euch da!

Paulus schrieb den Wirtschaftsweisen:
Ihr sollt nicht auf Spesen reisen!

Paulus schrieb den Zyprioten:
Lasst das Streiten, Ihr Idioten!

Paulus schrieb einst an die Preußen:
Seid friedlich, werft mit Blumensträußen!

Pech hatte der Orchesterleiter, der
mit Pauken und Trompeten durchfiel.

Pferde, die man von rechts besteigt,
sind sogenannte Right-Pferde.

Pferd: Sattelschlepper.

Plural von Instrument? - Orchester!

Politiker sind immer zu tausend Spesen aufgelegt.

"Polizeikontrolle! Ham Sie was getrunken?"
"Wieso? Is dat jetzt Pflicht?"

Pomcuter bucken am drilligsten mit Dradelnucker.

Pubertät ist, wenn die Eltern anfangen,
schwierig zu werden.

Pulverkaffee ist eine bohnenlose Gemeinheit.

Querulanten sind nur selten Querdenker,
sondern meist nur verbale Querschläger.

Radiergummis sind zu bedauern:
Sie reiben sich für die Fehler anderer auf.

Rettet die Elfen! Kauft kein Elfenbein!

Rosinen im Kopf sind die ideale Nahrung
für den kleinen Mann im Ohr.

Sage nie "Du hast keine Freunde",
sage "Du bist ein Individualist."

Sage nie: "Is mir doch egal",
sage immer: "Kein Grund zur Besorgnis."

Sage niemals "arm", sage "sozial schwach."

Sage niemals "Diebstahl",
sage "unbefugte Standortveränderung."

Sage niemals "durchgeknallt",
sage immer "verhaltenskreativ."

Sage niemals "hirnrissig", sage "ambitioniert."

Sage niemals "Korruption",
sage immer "Synergie-Effekt."

Sage niemals: "Scheißklavier",
sage: "Kotflügel."

Sag was wahr ist, sammel was rar ist,
iss was gar ist, und sauf was klar ist.

Schildweine haben Schwingelränze,
Holdgamster aber Schwummelstänze.

"Schmeckt der Kaffee?" - "Nicht die Bohne!"

Schon gehört von dem Holzbildhauer,
dem dauernd Schnitzer unterliefen?

Schon gewusst?
Der Teufel ist umgezogen –
er steckt jetzt im Detail.

Schon gewusst?
Mit einem Satansbraten kommt man
leicht in Teufels Küche.

Schützt unsere Tierwelt! Kauft keine Pudelmützen!

Schwer vermittelbar:
Diplom-Auspuffkrümmer
Diplom-Soßenbinder
Diplom-Zechpreller
Gespensterchauffeur (Geisterfahrer)
Kiffer-Orthopäde
Kläranlagen-Abschmecker
Lamettawickelmaschinenmechanikermeister
Leihbischof
Quantenmechanikermeister.

Sei ein Optimist - zumindest so lange, bis sie damit beginnen,
Tiere in Paaren zu Cape Canaveral zu bringen.

So ist das Leben. Manchmal verlierst du,
manchmal gewinnen die anderen.

Tiefkühlkost ist leicht zu kauen,
vergisst man nicht, sie aufzutauen.

Tragisch ist, wenn sich ein Feuerwehrmann
ein Streichholz pumpen muss.

Traurig ist, wenn ein Betagter übernächtigt ist.

Übrigens: Durch Dachschaden wird man nicht klug.

Übrigens: Wenn man genügend Kohle hat,
kann man auch eine Zeche bezahlen.

Um das Handwerkszeug zu pflegen, halten sich
honorige Taschendiebe eine Kleptomaniküre.

Und als der Heizer zu viele Kohlen verbraucht hatte,
wurde er gefeuert.

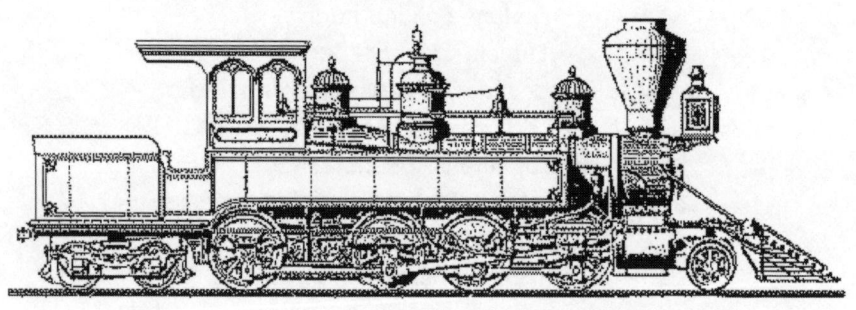

Und als die flotte Biene Blumen stahl,
musste sie brummen.

Und dann war da noch der Uhrmacher,
der allen Leuten auf den Wecker ging.

Unfähiger Mechaniker: Ölender Pfuscher.

118

Vergiss niemals den Geburtstag einer Frau –
allenfalls das Geburtsjahr.

"Verflucht!" stöhnte
die Giftschlange,
als sie sich in die Lippe biss.

Verständlich ist,
wenn ein Eiliger einen Bammel
vor einem Bummel
mit der Bimmelbahn hat.

Wahre Inkompetenz ist die Unfähigkeit,
die eigene Inkompetenz zu erkennen.

Warum besuchen viele Japaner Winsen an der Luhe?
„Weil wil da unsele Luhe haben wollen. Alles klal?"

Warum in die Ferne schweifen? Sieh, die Gute liegt so nah.

Warum ist einsilbig dreisilbig?

Was heißt eigentlich "BRD"? –
Ist doch klar: "Bayern + Rest-Deutschland"!

Warum streiken eigentlich die Bergleute?
Sie wollen mehr Kohle!

Was ist der Lieblingssport der Pessimisten?
Handtuchwerfen.

Was heißt "Große Gurke" auf Russisch? - Maxim Gorki.

Was haben Schmetterlinge im Bauch,
wenn sie verliebt sind?

Was ist die Hälfte von 733 kg? - 733 Pfund!

Was für ein
Tiger tut
keiner Fliege
etwas zu Leide?
Ein Sanftmütiger!

Was ist ein Keks unterm Baum? - Ein schattiges Plätzchen!

Was ist Eitelkeit?
Wenn sich ein Schauspieler auch dann verneigt,
wenn nur der Regen an sein Fenster klatscht.

Was ist rot und steht am Kopierer? - Ein Paprikant.

Was machen die Fahrer von
Automatikautos in einem Schaltjahr?

Was passiert, wenn man sich
zweimal halbtot gelacht hat?

Was sitzt auf dem Baum
und ruft "Aha"?
Ein Uhu mit Sprachfehler!

Was sitzt im Baum und ruft "Nuk Nuk"?
Ein Kuckuck mit Hasenscharte!

Welche Bauern vergießen
mehr Tränen als
herkömmliche Landwirte?
Weinbauern.

Wenn ein ausgekochter
Bursche ein mit allen Wassern
gewaschenes Mädchen heiratet,
muss das noch lange
kein sauberes Paar sein.

Wenn der Tod kommt, is' Sense.

Wenn Dir das Wasser bis zum Hals steht,
lass' den Kopf nicht hängen!

Wenn Du eine Mücke verschluckst,
hast Du mehr Hirn im Magen als im Kopf.

Wenn Du nicht weißt, wo du hin willst,
kannst Du Dich auch nicht verirren.

Wenn Du willst, dass Dir Deine Frau
aufmerksam zuhört, rede im Schlaf.

Wenn eine Frau zurückweicht,
nimmt sie wahrscheinlich nur Anlauf.

Wer laufend Kaviar braucht, ist ein Rogenabhängiger.

Wenn eines Tages Menschen den Mond bewohnen
und nachts mal nicht schlafen können, sagen sie dann:
„Na klar, heute ist ja Vollerde?"

Wenn ein Jäger keinen Bock
geschossen hat, sagt man:
Er hat einen Bock geschossen.

Wenn mein Arzt sich verschreibt,
muss ich ihn dann einnehmen?

Wenn sie dich in den Sarg legen,
haben sie dich zum letzten Mal reingelegt.

Wer gerne näht, braucht Garn.
Was braucht der, der ungern näht? – Ungarn.

Wer ohne Schulden ist, werfe den ersten Schein.

Wer seine Träume verwirklichen will,
muss erst mal aufwachen.

Wer zwei Eier durch drei teilt,
muss mit einem Bruch rechnen.

Wie heißt das Lieblingsmärchen
der Mantafahrer?
Radkäppchen und der böse Golf.

Wie nennt man ein trauriges Kondom? Weingummi.

„Wie finden Sie meine
neue Bluse, Herr Direktor?"
„Offen gestanden –
sehr hübsch!"

Wie lange kriegt man
für einen Wintereinbruch,
oder gibt es darauf
Bewährung?

Wie nennt man ein
Kamel mit vier Höckern?
Saudi Quattro!

Wie soll sich der Bauer verhalten,
wenn seine Frau sagt:
„Sieh zu, dass du Land gewinnst!"

Willst du Butter von den Behörden,
schicke Milch auf den Dienstweg.

Wir arbeiten so langsam,
weil uns der Chef
jeden Tag zur Schnecke macht.

Wir brauchen mehr
Inkompetenzkompensationskompetenz.

„Wischen ist Macht!" sagte die Putzfrau.

Wo man Kaffee trinkt, kannste ruhig sein,
böse Menschen pennen lieber ein.

Wo man pfeift, da lass Dich ruhig nieder,
böse Menschen singen ihre Lieder.

Wo man raucht, da kannst Du ruhig harren,
böse Menschen haben nicht Zigarren.

Wo man trinkt, da lass Dich ruhig nieder,
bösen Menschen ist das Bier zuwider.

Woran hängt die Zukunft
des Marionettentheaters?
An einem seidenen Faden.

Wussten Sie schon,
dass sich Gürteltiere nicht
am Riemen reißen können?

"Zeit ist Geld" sagte der Kellner und
addierte das Datum zur Rechnung.

Zuerst verliert man
seine Illusionen,
dann die Zähne, und
zuletzt seine Laster.

Zu verkaufen:
Fallschirm, gebraucht,
ungeöffnet, kleiner
Fleck. Billig.

Zuchtbulle auf Spanisch:
„Besame mucho."

Zur gefl. Beachtung:

Blumen, die nicht wachsen, heißen Wachsblumen.
Die Einhörner mit dem zweiten Horn heißen Kühe.
Die Gegenden ohne Landschaft heißen Städte.
Die grauen Goldhamster heißen Ratten.

Die Kakteen, die herumlaufen, heißen Igel.
Die Menschen mit verstellbaren Ohren heißen Esel.
Die schwarzen Maikäfer heißen Kakerlaken.
Die schwarzen Möwen heißen Krähen.

Die schwarzen Schimmel heißen Rappen.
Die Tiger mit den vier Rädern heißen Jaguar.
Die weiblichen Bullen heißen Buletten.
Die weißen Krähen heißen Möwen.

Zwischen Leber und Milz,
passt immer noch ein Pils.

Zyankali im Morgenkaffee kann
einem den ganzen Tag versauen.

Zyniker sind meistens nur frustrierte Optimisten.

Für Kinder

Scherzfragen

Warum fliegen Vögel in den Süden?
Weil es zum Gehen zu weit ist!

Was ist braun und sitzt hinter Gittern? Eine Knastanie!

Wie kommt eine Ameise
über den Fluss?
Sie nimmt das „A" weg
und fliegt hinüber.

Was ist braun und klimpert?
Eine Spartoffel.

Was ist gesund, herzhaft und beleidigt?
Ein Schmollkornbrot!

Was ist grün, hängt an der Wand, und bellt?
Ein Hund im Rucksack.

Was ist grün und hört sich an wie eine Taube?
Eine Gurrke!

Wie heißt der chinesische Verkehrsminister? Um Lei Tung.

Warum trinkt eine Maus keinen Schnaps?
Sie hat Angst vor dem Kater.

Was ist grün und schläfrig? Eine Pennessel.

Wie heißt der Teufel mit Vornamen? Pfui.

Was ist rot und sitzt auf dem WC? Eine Klomate.

Was ist grün und rennt durch den Wald?
Ein Rudel Gurken.

Was ist grau und hoppelt übers Feld?
Ein Kaminchen

Was ist gelb und kann nicht schwimmen?
Ein Bagger!

Und warum kann er nicht schwimmen?
Weil er nur einen Arm hat!

Was ist schwarz und rennt durch die Wüste?
Ein Rudel Badewannenstöpsel.

Was ist schwarz-weiß und steht in der Blumenvase?
Ein Strauß Luftpumpen.

Was ist schwarz-weiß gestreift und kommt nicht vom Fleck?
Ein Klebra!

Warum gehen Ameisen nicht in die Kirche?
Sie sind Insekten
(in Sekten).

Womit malt man Fußbälle an? Mit Ballack.

Was ist weiß und steht in der Ecke?
Ein schüchternes Glas Milch.

Welcher Bauer wird unschuldig aufgehängt?
Der Vogelbauer.

Wann fällt das Barometer?
Wenn es nicht richtig an der Wand festgemacht wurde.

Warum sind Diebe klüger als Ärzte?
Wenn sie gehen, wissen sie genau,
was den Leuten fehlt.

Wer kommt von Dresden nach Hamburg
ohne sein Bett zu verlassen? Die Elbe.

Was braucht das Auto,
was dem Pferd
sehr lästig ist?
Bremsen

Wer kommt grauhaarig
zur Welt? Der Esel.

Welcher Fisch hat das
vornehmste Benehmen?
Der Bückling.

Auf welche Frage kann niemand mit „Ja" antworten?
Schläfst Du schon?

Kinderwitze

Unterhalten sich zwei Kerzen. Fragt eine Kerze die andere: "Du, sag mal, ist Wasser gefährlich?" Antwortet die andere: "Da kannste von ausgehen."

Sitzt eine Kuh auf einem Baum. Kommt eine Birne vorbeigeflogen. Sagt die Kuh: „Birnen können doch gar nicht fliegen." Sagt die Birne: „Doch. Ich bin die Birne Maja!"

Sitzen zwei U-Boote im Kino, kommt ein Panzer herein. Sagt das eine U-Boot zum anderen: „So ein Quatsch! Ein Panzer im Kino!"

Der Lehrer: "Fritz, kannst Du mir zwei berühmte Männer nennen, deren Namen mit „M" beginnen?" Fritz: "Natürlich, Herr Lehrer, Maradona und Matthäus!" Der Lehrer: "Ich dachte da eher an Michelangelo und Mozart." Fritz: "Kenn' ich nicht! Spielen die Regionalliga?"

Der Musiklehrer zum Schüler. „Sing bitte ein C!" Der Schüler singt. Darauf der Lehrer: „Toll! Und nun G!" Der Schüler freut sich: „Vielen Dank, dann bis morgen!"

Sitzen zwei Hochhäuser im Keller und stricken Strümpfe. Sagt das eine: „Mist ich hab keine Wolle mehr!" Antwortet das andere: „Macht nichts, ich hab noch zwei Dosen Fisch."

Kommen zwei Hasen nach China. Sagt der eine zum anderen: "Wir hätten Stäbchen mitnehmen sollen, hier fallen wir auf mit unseren Löffeln."

Gymnastiklehrer: "Alle einen Schritt vortreten. Auch der kleine Rothaarige dahinten!"
Schüler: "Aber, Herr Lehrer, das ist doch ein Hydrant." Lehrer: "Das ist mir egal, auch Kinder von Akademikern hören auf mein Kommando."

Es sagte Schülerin Elif zur Schwester Aliya: "Unsere Mutter macht eigentlich alles falsch. Abends, wenn wir putzmunter sind, müssen wir ins Bett, und am Morgen, wenn wir beide todmüde sind, dann müssen wir aufstehen."

Lehrer: "Wer kann mir sagen, was ein Witwer ist?" Schüler: "Ich weiß es, der Mann einer Witwe."

Lehrer: "Kinder, kommt weg vom offenen Fenster. Wenn einer rausfällt, will es nachher wieder keiner gewesen sein."

Lehrer: "Welchen Nutzen hat die Sonne?" Schüler: "Überhaupt keinen! Nachts scheint sie nicht, und am Tag ist es sowieso hell."

Lehrer: "Was ist dein Vater?" Schüler: "Er ist erkältet. "Lehrer: "Nein, ich wollte wissen, was er tut." Schüler: "Er liegt im Bett."

Das Telefon klingelt. Vera: "Papi, es ist Ninas Vater. Er lässt fragen, wann du mit meinen Hausaufgaben fertig bist. Er möchte sie dann abschreiben."

Lehrerin: "Also, du nimmst zwei Drittel Milch, ein Drittel Sahne und ein Drittel Kaffee..." Schüler: "Aber das sind doch schon vier Drittel." Lehrerin: "Und wenn schon, dann nimmst du eben einen größeren Topf."

Lehrer: "Wenn ich vier Eier auf das Pult lege, und du legst noch einmal vier Eier dazu – wie viele sind es dann?" Schüler: "Herr Lehrer, ich kann leider keine Eier legen."

Ein Igeljunges geht im Botanischen Garten spazieren. Als es dunkel wird, gerät es in ein Gewächshaus voller Kakteen. Jedes Mal, wenn der Kleine gegen ein Stachelgewächs stößt, piepst er: „Mami, bist du's?"

Schüler: "Herr Lehrer, fressen Krokodile auch Seide?" Lehrer: "Wie kommst du denn darauf?" Schüler: "Ich habe gestern in einem Schaufenster eine Handtasche mit einem Schild gesehen, auf dem geschrieben stand: "Echt Krokodil, mit Seide gefüttert".

Schüler: "Mein großer Bruder arbeitet jetzt in einer Autofabrik." Lehrer: "Arbeitet er am Band?" Schüler: "Aber nein! Er darf frei herumlaufen."

Lehrer: "Den bekanntesten Stelzvogel kennt ihr bestimmt alle. Das ist der Storch." Schülerin beginnt laut zu lachen. Lehrer: "Was ist denn daran so komisch?" Schülerin: "Aber Herr Lehrer. Glauben Sie denn wirklich, wir wüssten nicht, dass es den Storch gar nicht gibt?"

Lehrer: "Du hast in den Ferien ja richtig dicke Backen bekommen. Habt ihr immer so gut gegessen?" Schüler: "Nein, das nicht, aber ich musste immer die Luftmatratzen aufblasen."

Lehrer: "Also, Hitze dehnt Dinge aus, und Kälte zieht sie zusammen." Schülerin: "Deshalb sind im Sommer die Tage länger, und im Winter sind sie kürzer."

Fredi: "Mein Bruder ist Mittwoch getauft worden." Sein Freund: "Mittwoch? Das ist aber ein komischer Name."

Lehrerin: "Wie alt bist du, Patrick?" Schüler: "Sechs!" Lehrerin: "Und was möchtest du mal werden?" Schüler: "Sieben!"

Lehrer: "Hans, warum können Fische nicht sprechen?"
Hans: "Klarer Fall, Herr Lehrer! Reden Sie doch mal, wenn Sie den Mund voller Wasser haben."

Lehrer: "Personalausweise müssen von Zeit zu Zeit verlängert werden." Schülerin: "Wozu eigentlich? Ich finde das Format ganz praktisch."

Lehrer: "Wo ist denn bloß mein Bleistift?" Schüler: "Hinter Ihrem Ohr." Lehrer: "Hör mal, mein Junge, ich habe keine Zeit zum Suchen. Hinter welchem Ohr?"

Lehrer: "Bist du nicht der Janislowanski?" Schüler: "Nein! Mein Name ist Müller." Lehrer: "Ach ja, diese beiden Namen verwechsle ich immer."

Lehrerin: "Bei jedem Atemzug, den ich mache, stirbt ein Mensch." Schüler: "Versuchen Sie es mal mit Mundwasser."

Lehrer: "Mit dir ist es aber auch immer dasselbe. Du bist der Schlechteste in der Klasse, du arbeitest langsam, du liest langsam, du schreibst langsam, du denkst langsam. Gibt es überhaupt etwas, was bei dir schnell geht?" Schüler: "Ja, Herr Lehrer! Ich werde schnell müde."

Zwei Mäusefreundinnen unterhalten sich. Sagt die eine. „Sieh mal, das ist ein Foto von meinem neuen Freund!" – „Sagt die andere: „Aber das ist doch gar kein Mäuserich, das ist ja eine Fledermaus!" – „Was?" ruft entsetzt die erste, „so ein Schuft! Zu mir hat er gesagt, er wäre Pilot!"

Vater: "Warum kommst du heute so spät aus der Schule?" Sohn: "Ich habe mich geweigert jemanden zu verpetzen." Vater: "Das war aber anständig. Um was ging es denn?" Sohn: "Um Julius Cäsar. Der Lehrer wollte unbedingt wissen, wer sein Mörder war."

„Na Siegfried, wie fandest du das Wetter heute?" - „Wie immer, ich machte die Tür auf und da war es!"

Lehrer: "Holger, was ergibt sieben mal sieben?" Schüler: "Ganz feinen Sand."

Schüler: "Papi, Heute haben wir in der Schule Experimente mit Sprengstoff gemacht." Vater: "Und was macht ihr morgen in der Schule?" Schüler: "In welcher Schule?"

Lehrer: "Haben Sie das Fahrrad vor der Schule gestohlen?" Schüler: "Nein, durchsuchen Sie mich."

Lehrer: "Weißt du, wie lange Fische leben?" Schüler: "Wahrscheinlich genauso wie kurze."

Lehrer: "Was würdet ihr tun, wenn ihr im Urwald eine Schlange seht?" Schüler: "Ganz manierlich hinten anstellen."

Lehrer: "Was ist dein Vater von Beruf?" Schüler: "Er ist Zauberkünstler, Herr Lehrer." Lehrer: "Interessant! Und was verzaubert er?" Schüler: "Er zersägt Mädchen in einer Kiste." Lehrer: "Aha! Ist es denn nicht schwer, solche Mädchen zu finden?" Schüler: "Aber nein, ich habe zu Hause ja noch vier Halbschwestern."

Schuldirektor zum Pförtner: "Gehen Sie bitte den Rasen sprengen." Pförtner: "Aber Herr Direktor, es regnet!" Schuldirektor: "Gut, dann ziehen Sie einen Regenmantel an."

Lehrer: "Peter! Ich werde jetzt einen Satz in der Einzahl bilden, und du bildest ihn in die Mehrzahl um. Also: Mein Bruder ist ganz klein." Schüler: "Die Mehrzahl ist: Meine Brüder essen Gänseklein."

Lehrer: "Ihr Sohn gefällt mir. Er hat einen enormen Wissensdurst. Von wem hat er das wohl geerbt?" Mutter: "Das Wissen, das hat er von mir geerbt; den Durst, den hat er von seinem Vater."

Lehrer: "Die Vögel fliegen in Formationen in den Süden." Schüler: "So'n Quatsch. Informationen werden doch heute per E-Mail durchgegeben."

Lehrer: „Jeder Monat im Jahr hat eine besondere Eigenschaft. Wir sagen zum Beispiel „der warme Juli", „der schöne Mai", oder „der kalte Januar." Kann mir jemand noch ein anderes Beispiel nennen?" Schüler: „Ja, Herr Lehrer! Der dumme August."

Der kleine Junge zur Tante: "Ich soll mich noch recht herzlich für das Geburtstagsgeschenk bedanken!" Die Tante bescheiden: "Aber Junge, das war doch kaum der Rede wert!" "Das hat Mami auch gesagt!"

Deutschlehrer: "Wer kann mir sagen, ob es der Monitor, oder das Monitor heißt?" Fritzchen: "Wenn Moni ein Tor schießt, dann heißt es DAS Monitor."

Der Lehrer erzählt den Kindern: "Der Mensch kann also mit der Nase riechen, mit den Füßen laufen, mit dem Mund reden und mit den Händen arbeiten." Meldet sich aufgeregt Fritzchen. "Ja, Fritzchen, was möchtest du sagen?" –
"Das ist aber bei dem Herrn Meier, der neben uns wohnt, ganz anders. Bei dem riechen die Füße, läuft die Nase, arbeitet das Mundwerk und reden tut der mit den Händen!"

Zwei Schuljungen unterhalten sich: - „Was macht ihr denn gerade in der Schule durch?" – „Das Kapital von Karl May." – „Aber das ist doch nicht von Karl May, sondern von Karl Marx!" – „Ach so deshalb! Wir sind schon auf Seite 200, und immer noch keine Indianer."

Kalle steht an der Kinokasse und möchte eine Karte kaufen „Aber du müsstest um diese Zeit doch in der Schule sein! meint die Kassierin. "In die Schule darf ich nicht", sagt Kalle, „ich habe nämlich Keuchhusten."

Der erboste Rektor: "Na hör mal, was fällt dir denn ein, meine Tür einzutreten?" Verteidigt sich der Schüler: "Aber an der Tür hing doch ein Schild: Bitte eintreten."

Der englische Austauschschüler: "Ist prügeln und schlagen eigentlich dasselbe?" - "Ja, sicher!" – "Und warum lachen immer alle, wenn ich sage, es hat zwölf geprügelt?"

Lehrer: Was ist ein Katalog?" Schüler: "Die Vergangenheitsform von „Ein Kater lügt."

Witze

Eine Fliege saust haarscharf an einem Spinnennetz vorbei. Spinne: „Na, warte ab, morgen erwische ich dich." Fliege: „Ätsch, ich bin eine Eintagsfliege."

Ein Kamel und eine Kuh wollen sich selbstständig machen. Kamel: „Ich dachte mir, wir machen eine Milchbar auf." Kuh: „Und wie stellst du dir das vor?" Kamel: „Du sorgst für die Milch und ich für die Hocker!"

Angerufener: „Wer ist denn am Telefon?" Huber: „Huber" Angerufener: „Bitte, wer?" Huber: „Huber, Heinrich, Ulrich, Berta, Emil, Richard." Angerufener: „Und wieso ruft ihr zu fünft an?"

Erste Mutter: „Wickelt ihr euer Kind auch mit diesen modernen saugfähigen Papierwindeln?" Zweite Mutter: „Nein, wir geben ihm Trockenmilch und stauben es dann nur ab!"

Passant: „Warum ziehen Sie denn ein Seil hinter sich her?" Huber: „Ich hab's schon probiert, schieben geht nicht!"

"Hallo, Karl-Heinz, wie geht's dir?" - "Rostfrei!" - "Wieso?" - "Na, glänzend!"

Der fünfjährige Sohn von Neumeiers hat immer noch kein Wort gesprochen, und seine Eltern machen sich schon Sorgen. Eines Tages brüllt der Junge am Mittagstisch: „Verdammt, wo ist das Salz?" Die Eltern außer sich vor Freude: „Warum kannst du denn auf einmal sprechen?" Sohn: „Bis jetzt war doch alles in Ordnung!"

Treffen sich zwei Frösche. Sagt der eine: „Mensch, du siehst aber traurig aus." Meint der andere: „Zu meiner Frau ist ja auch der Storch gekommen!"

Sohn zum Vater: "Was ist eine Verlobung?" Vater: "Das ist so ungefähr, wie wenn ich dir ein Fahrrad schenke und du darfst erst Weihnachten damit fahren!" Sohn: "Papi, aber ein bisschen klingeln darf man doch schon vorher, oder?"

Ein Nashorn trinkt in einer Bar einen Cocktail, bezahlt und will gehen. Barkeeper: „Also, ein Nashorn war ja noch nie hier in der Bar." Nashorn: „Bei diesen so unverschämten Preisen war das auch das letzte Mal!"

Ein Mann kauft einen Schäferhund. Neuer Besitzer: „Mag der Hund auch kleine Kinder?" Alter Besitzer: „Ja, aber es ist billiger, wenn Sie ihm Hundekuchen kaufen."

Brillenträger im Musikgeschäft: „Ich nehme die Ziehharmonika dort drüben und die Trompete da!" Verkäufer: „Den Feuerlöscher können sie mitnehmen, aber die Heizung bleibt hier!"

Mädchen im Kindergarten: "Jetzt weiß, ich wieso Jungs schneller laufen können als Mädchen: Gangschaltung und kugelgelagert..."

In einer Berliner S-Bahn. Ein Kind beschmiert mit seinem Schokoladenfingern die Scheiben. Ein Mann gegenüber fragt die Mutter des Kindes: "Darf dat dat?" Die Mutter: "Dat darf dat." Darauf wieder der Mann: "Dat dat dat darf ...!"

Doktor: „Ihnen geht's ziemlich schlecht. Sie haben Wasser in den Beinen, Kalk in den Adern und Steine in den Nieren!" Patient: „Toll, wenn Sie mir jetzt noch sagen, dass ich Sand im Kopf habe, fange ich an zu bauen!"

"Wie geht's?" - "Mies! Ich hab' die Skatkrankheit." - "Was is'n das?" - "Ach, Herzbeschwerden, Kreuzschmerzen, an der Seite pikt's, und in der Nacht belle ich wie unser Karo!"

Herr B. hat Besuch von einem Freund. Plötzlich kommt Bs. Hund ins Zimmer und bittet: „Kannst du mir die Zeitung geben?" Sein Freund ist wie vom Donner gerührt. B.: „Ach was, der alte Angeber, der kann doch gar nicht lesen! Der guckt sich bloß die Bilder an".

"Warum haben Sie Ihren Zahnarzt verprügelt?" - "Er ging mir auf die Nerven!"

Ein Zuschauer während der Theaterpause: „Warum telefonieren die Schauspieler in diesem Stück eigentlich pausenlos?" Es wird ihm erklärt: „Die Souffleuse hat Grippe und arbeitet vom Bett aus."

Ein Gärtner sammelt von der Straße Pferdeäpfel auf, ein Passant fragt ihn: „Was machen Sie mit den Pferdeäpfeln?" Gärtner: „Die streue ich auf die Erdbeeren." Passant: „Komisch, wir nehmen immer Zucker!"

Kundin in der Boutique: „Könnte ich das gestreifte Kleid im Schaufenster mal anprobieren?" Verkäuferin: „Aber sicher, allerdings haben wir auch Kabinen!"

Arzt: „Sie müssen unbedingt abnehmen! Nehmen Sie auf keinen Fall mehr als tausend Kalorien pro Tag zu sich!" Frau Mümmel: „Vor oder nach dem Mahlzeiten?"

Ein Mann fragt seine Frau, die gerade beim Arzt war: „Was hat der Doktor gesagt?" Frau: „Dreißig Mark!" Mann: „Nein, was hast Du gehabt?" Frau: „Zwanzig Mark!" Mann: „Nein, was hat Dir gefehlt?" Frau: „Zehn Mark!"

Im Wartezimmer sitzt eine Dame mit einem Papagei auf dem Schoß. Arzthelferin: „Sie sind hier nicht beim Tierarzt, sondern beim Psychiater!" Dame: „Weiß ich, weiß ich! Ich komme ja auch wegen meines Mannes! Er bildet sich ein, ein Papagei zu sein."

Ein Mann läuft mit einem Pinguin auf dem Arm durch die Stadt. Passant: „Wo haben Sie den denn her?" Mann: „Ist mir so zugelaufen! Was meinen Sie soll ich mit ihm machen?" Passant: „Gehen Sie doch mit ihm in den Zoo!" Nach ein paar Stunden treffen sich die drei wieder. Passant: „Aber ich sagte Ihnen doch, gehen Sie mit ihm in den Zoo!" Mann: „Waren wir ja, jetzt gehen wir ins Kino."

Patient: „Herr Doktor, sie müssen mir helfen! Ich bilde mir ein, ein Biskuit zu sein!" Doktor: „So ein kleiner viereckiger mit Löchern drin?" Patient: „Ja, genau." Doktor: „Keine Bange, sie sind kein Biskuit, sondern nur ein ganz ordinärer Zwieback!"

Doktor: „Sie sehen viel schlechter aus, als vor einer Woche! Sie sollten doch höchstens fünf Zigaretten pro Tag rauchen!" Patient: „Habe ich auch gemacht. Allerdings habe ich früher gar nicht geraucht!"

Doktor: „Mit Hilfe dieser Medizin können Sie endlich die ganze Nacht durchschlafen!" Patient: „Das ist ja toll, und wie oft muss ich sie nehmen?" Doktor: „Alle zwei Stunden!"

Meier: „Heute Nacht habe ich geträumt, dass ich einen riesigen Champignon essen würde. "Kollege: „Na, und?" Meier: „Als ich aufwachte, war mein Kopfkissen verschwunden!"

Klein Markus bietet im Bus einer Schwangeren seinen Platz an. Da sagt sie: „Du bist ja ein Gentleman." Just an diesem Tag fragt die Lehrerin in der Schule: „Was ist ein Gentleman?" Darauf Markus: „Einer, der eine schwangere Frau sitzen lässt."

Apotheker läuft hinter einem Kunden her und schreit: „Aus Versehen habe ich Ihnen Zyankalitabletten statt Aspirin eingepackt." Kunde: „Gibt es denn da einen Unterschied?" Apotheker: „Ja, Zyankalitabletten sind acht Euro teurer!"

„Was hat dir den deine Freundin zum Geburtstag geschenkt?" – „Einen Deoroller!" - „Hast du denn einen Führerschein?"

Der Schotte probiert im Laden alle Käsesorten. Schließlich entscheidet er sich für einen Gouda. Fragt der Verkäufer: "Wie viel darf es denn sein?" Der Schotte: "Nur ein kleines Würfelchen. Es ist für eine Mausefalle!"

Sitzt 'ne Kuh auf der Parkbank und strickt sich ein Fahrrad. Kommt ein Polizist vorbei und sagt: „Angeln ist hier verboten." Sagt die Kuh: „Was interessieren mich die Erdbeerpreise! Ich hab doch Gummistiefel an!"

Eine Känguru-Mutter kratzt sich nach Leibeskräften. Dann fährt sie ihr Baby an: „Wie oft habe ich Dir schon gesagt, dass du den Zwieback nicht im Bett essen sollst!"

Ein Spazierstock wird in einen Schirmständer mit zwei Damenschirmen gesteckt. Meint der eine Schirm: „Igitt, sieh mal, da kommt ein nackter Mann!"

„Haben Sie sich vor kurzem das Rauchen abgewöhnt?" - „Ja, wieso?" - „Sie drücken Ihre Kekse im Aschenbecher aus!"

Cowboy: „Du hast wirklich ein intelligentes Pferd, Joe!" Joe: „Alles halb so wild! Kürzlich bin ich mal gestürzt und habe den Gaul nach dem Arzt geschickt. Weißt du, mit wem er zurückkam? Mit dem Tierarzt!"

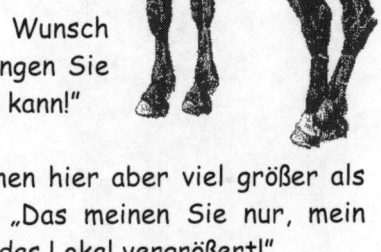

Kellner: „Haben Sie noch einen Wunsch mein Herr?" Gast: Ja, bitte bringen Sie mir etwas Geld, damit ich zahlen kann!"

Gast: „Früher waren die Portionen hier aber viel größer als heute!" Ober beschwichtigend: „Das meinen Sie nur, mein Herr! Wir haben nur inzwischen das Lokal vergrößert!"

Ein Vampir fährt auf der Straße auf einem Tandem Schlangenlinien. An einer Kreuzung wird er von der Polizei angehalten. Der Polizist: „Haben Sie etwas getrunken?" Darauf der Vampir: „Ja, aber nur zwei Radler."

Nora bekommt für den Abiturball ein traumhaftes Abendkleid. "Mutti, was ist das für ein toller Stoff?" - "Reine Seide, mein Kind." - "Oh, was für eine Pracht und alles von einem unscheinbaren Wurm!" - "Bitte, sprich nicht so über Deinen Vater!"

Ein Polizist hält eine Frau an, die zu schnell gefahren ist: "Sie können doch nicht mit 80 durch das Dorf fahren!" "Ach, das ist nur mein Hut, der mich so alt macht."

Das Telefon bimmelt. Der Hund hebt ab, und meldet sich: „Wau!" - „Bitte?", fragt die Stimme am anderen Ende der Leitung. Der Hund wiederholt: „Wau!" - „Wer ist dort?" - „Wau! W wie Wilhelm, A wie Anton, U wie Ulrich!"

Die Mutter will ihren Sohn wecken und sagt: „Du musst aufstehen", sagt der Sohn: „Lass mich doch noch fünf Minuten schlafen." Kommt die Mutter nach fünf Minuten wieder und sagt: „Du musst aufstehen, du musst zur Schule", antwortet der Sohn: „Aber Mama, die Schüler ärgern mich und die Lehrer nerven mich, sag mir bitte zwei Gründe, warum ich in die Schule muss.". Sagt die Mutter „erstens: du bist 45 Jahre alt und zweitens: der Schuldirektor."

Wenn ich nur wüsste, als was ich zum Fasching gehen soll." - "Ich gehe als Taube!" – „Das ist aber ein kompliziertes Kostüm! Die vielen Federn." - "Wieso Federn? Ich stecke mir nur etwas Watte in die Ohren!"

Ein Mann hat eine Autopanne. Der Esel hinter dem Zaun sagt: „Es liegt am Vergaser!" Entsetzt läuft der Mann davon, findet eine Tankstelle, und erzählt dort von seinem Erlebnis. Der Tankwart fragt: „War das etwa zwei Kilometer von hier?"

Der erschütterte Mann nickt. „Und, war das ein großer Esel, mit schräg nach vorne gestellten Ohren?" Der Mann nickt wieder. Sagt der Tankwart: „Ach so, lassen Sie sich von dem Esel nichts erzählen! Von Vergasern hat der keine Ahnung."

Zwei Leute gehen in ein leeres Haus, eine Weile später kommen drei wieder heraus. Sagt der Mathematiker: "Wenn jetzt noch einer reingeht, ist das Haus wieder leer." Sagt der Physiker: "Da muss wohl einer reingetunnelt sein." Was sagt die Hebamme? „Ist bei uns im Kreißsaal immer so."

Ein Schüler hat in der Straßenbahn seinen Hund dabei. Der Schaffner verlangt für das Tier den vollen Fahrpreis. Der Schüler: „Dann kann mein Hund aber auch einen Sitzplatz haben!" Schaffner: „Na klar! Aber die Füße darf er nicht auf den Sitz legen."

"Warum bist du denn hier im Knast, Kumpel?" - "Ach, ich wollte meine Braut entführen und hab' in der Eile nur ihre Mitgift erwischt!"

„Ich hab' gestern ein Mädchen kennengelernt, das hatte die gleichen Eigenschaften wie der Schiefe Turm von Pisa." - "Wieso?" - "Es zeigte sich geneigt, fiel aber nicht um."

Zwei Ochsen ziehen einen Pflug und sehen wie ein Bulle zu einer Kuh geführt wird. Meint der eine wütend: „Wie ich diese Playboys hasse!"

Sie zu ihrem Mann: „Deine Füße gucken ja unter der Bettdecke raus. "Er: „Das weiß ich!" Sie: „Sind sie denn nicht kalt?" Er: „Doch, und wie!" Sie: „Warum steckst Du sie dann nicht unter die Decke?" Er: „Ich will die kalten Dinger doch nicht in meinem Bett haben!"

Im Theater haben Sie mich rausgeschmissen, ich habe den Text vergessen." - "Aber dafür gibt es doch einen Souffleur." - "Ich war der Souffleur!"

Zwei Tierärzte operieren einen Elefanten. Danach fragt der eine: "Instrumente haben wir diesmal doch wohl keine vergessen?" – "Nein, aber wo ist Schwester Adelheid?"

Religionslehrer: "Was taten die Hebräer nachdem sie durch das Rote Meer marschiert waren?" Schüler: "Sie trockneten sich erst einmal ab."

Ein Mann und ein Hund spielen im Park Schach. Passant: „Sie haben aber einen klugen Hund!" Mann: „Wieso, er verliert doch dauernd."

Knallmeier beim Psychiater: „Meine Frau schickt mich, da ich so gerne Pfannkuchen mag." Psychiater: „Aber, das ist doch ganz normal. Ich mag auch gerne Pfannkuchen." Knallmeier: „Oh fein! Wollen wir tauschen? Ich habe ein ganzes Album voll!"

Als die kleine Lea zum Riesenrad ging, war es leider geschlossen. Lea ging zum Fenster, wo man die Chips kaufen kann und fragte: "Wieso ist das Riesenrad geschlossen?" Der Mann antwortete: "Der Ministerpräsident ist gestorben!" Darauf antwortete Lea: "Kann denn kein anderer das Ding bedienen?"

„Mein Freund, seien Sie ehrlich – ist der Wein nicht ein Gedicht?" – „Und ob, sagen Sie, haben Sie noch eine Strophe?"

Gastgeberin: „Ist Ihnen langweilig?" Gähnender Besucher: „Wohl weniger, es wird der Hunger sein!"

Kinokassierin: „Das Kino ist bis auf den letzten Platz ausverkauft!" Besucher: „Macht nichts, dann geben Sie mir eben den letzten."

Jahreswechsel in einem Restaurant. "Herr Ober, wo bleibt denn die Bowle? Ich hatte sie letztes Jahr bestellt!"

"Wie möchten sie das Steak, medium?", fragt der Kellner den Gast. "Nein, lieber XXL!"

Sara sieht immer zu, wenn ihr kleiner Bruder gewickelt wird. Einmal vergisst die Mutter den Puder. „Halt!", schreit Sara, „du hast vergessen ihn zu salzen!"

Butler: „Eure Lordschaft, das Klavier im roten Salon ist verstimmt!" Lord: „Worüber denn?"

Ein Vampir zum anderen: „Bist du wirklich Vegetarier geworden?" – „Ja, nur noch Blutorangen!"

Hausfrau auf dem Markt: „Den Hasen da möchte ich nicht, der ist voller Schrotkörner!" Verkäufer: „Nehmen Sie diesen da, der hat Selbstmord begangen!"

Eine Frau kauft eine Zitrone, ein Viertelpfund Paprika, zwei Zwiebeln und eine Schachtel Streichhölzer. Frau: „Könnten Sie mir die Sachen ins Haus liefern?" Verkäufer: „Leider nein, gnädige Frau, unser Lastwagen ist gerade mit einem Sträußchen Petersilie unterwegs!"

Ein Student spielt in seinem Nebenjob den Gorilla im Zoo, da dieser gestorben war, und die Besucher nichts merken sollten. Er macht seine Sache sehr gut. Eines Tages schwingt er mit der Liane zu weit und landet nebenan im Löwenkäfig. Zu Tode erschrocken brüllt er: „Hilfe, zu Hilfe!" Löwe: „Sei still, du Idiot! Sonst verlieren wir noch beide unseren Job!"

„Sie sehen heute so heruntergekommen und mitgenommen aus!" – „Ja? Wahrscheinlich deshalb, weil ich zunächst vom Berg herabgestiegen und dann per Anhalter gefahren bin!"

Polizist: „Sie wissen doch, dass ein Kind erst ab 12 auf dem Beifahrersitz mitfahren darf?" Autofahrerin: „Ach Herr Wachtmeister, nun seien sie nicht so! Wegen der paar Minuten!"

Antreiber auf der Galeere: „Ich habe eine gute und eine schlechte Nachricht. Die gute: Ihr bekommt eine Sonderration Rum. Die schlechte: Nach dem Essen will der Käpt'n Wasserski laufen!"

„Was wünschen Sie?" sagt der Elektrohändler zum Huhn, das seinen Laden betreten hat. – „Bitte eine Legebatterie!".

Joe bewirbt sich als Holzfäller. Chef: „Was haben Sie den vorher so gemacht?" Joe: „Ich war Holzfäller in der Wüste Gobi!" Chef: „Aber da sind ja gar keine Bäume." Joe: „Eben, jetzt nicht mehr!"

Mann auf dem Standesamt: „Guten Tag! Ich möchte gerne meinen Namen ändern!" Beamter: „Wie heißen Sie denn?" Mann: „Brenz." Beamter: „Aber das ist doch ein normaler Name." Mann: „Ja, schon, aber wenn ich telefoniere und mich mit 'Hier Brenz' melde, kommt jedes Mal die Feuerwehr!"

Richter: „Angeklagter! Sie haben also zwei Schweine gestohlen! Hat die Stalltür offen gestanden oder war sie verschlossen?" Angeklagter: „Offen gestanden, sie war verschlossen!"

Elektriker vor der Wohnungstür: "Unverschämtheit! Bestellen einen her, um die Klingel zu reparieren, und dann macht keiner auf, wenn man schellt!"

Ein Gefangener wird im Knast vom Pech verfolgt. Zuerst werden ihm die Mandeln entfernt. Danach quetscht er sich das Bein bei der Arbeit so schlimm, dass es amputiert werden muss. Dann kommen seine Zähne raus und zum Schluss der Blinddarm. Als er in seine Zelle zurückkehrt droht ihm der Wärter: „Jetzt ist aber Sense! Meinst du, ich bin so blöd und merke nicht, dass du portionsweise türmen willst."

„Herr Doktor, mein Mann glaubt er wäre ein Hubschrauber!" „Schicken sie ihn zu mir!" meint der Arzt. „Ok, und wo soll er landen?"

„Papa, warum ist im Ozean so viel Wasser?" - „Ist doch klar: Weil sonst die Schiffe zu viel Staub aufwirbeln würden!"

Zwei Freunde schauen Fußball: „Ein gutes Spiel," sagt der eine, „nur die Tore fehlen!" - „Wieso, da stehen doch zwei!"

Die Mutter erklärt ihrem Sohn die Uhr: „Das sind die Stunden und das die Minuten." Fragt Richard: „Und wo sind die Augenblicke?"

Ein Futtermittel-Vertreter erscheint. Er fragt den kleinen Bauernbuben: "Wo kann ich denn deinen Vater finden?" Darauf der Bub: "Im Schweinestall. Sie erkennen ihn an seinem karierten Hemd."

Kommt ein Taubstummer in eine Bank und legt einen Tannenzapfen und ein Kondom auf den Schalter. Der Bankangestellte guckt, aber kapiert nicht, was der Mann meint. Er holt seinen Chef, der sofort sagt: "Er fragt, ob er bis Weihnachten sein Konto überziehen kann."

Ein Rasenmäher und ein Schaf stehen nebeneinander auf der Wiese. Sagt das Schaf: "Mäh." Antwortet der Rasenmäher: "Von Dir lass ich mir gar nix befehlen!"

Ein Reisender im Bahnhof spricht einen Passanten an: "Entschuldigung. Wo gibt es denn hier Fahrkarten?" Der Passant sieht den Fragenden verwundert an. "Guter Mann, das heißt jetzt nicht mehr Fahrkarten, sondern Tickets!" - "Gut! Wo gibt es hier Tickets?" Der Passant antwortet trocken: "Am Fahrkartenschalter."

155

Zwei Kinder vor der Toilette: "Ich geh' da nicht rein, da in der Ecke steht ein Igel!" - "Das ist doch kein Igel, das ist doch die Klobürste!" - "Wir haben so was nicht, wir nehmen Papier..."

Die Großmutter droht ihrer Enkelin Lisa: "Wenn du weiterhin so frech bist, geht es dir noch wie dem Rotkäppchen. Du weißt ja, das hat der Wolf geholt." - "Stimmt genau, Oma", antwortet Lisa keck, "aber vorher war die Großmutter dran!"

Treffen sich zwei Freunde auf der Straße. Sagt der eine: "Mensch du - ich habe gehört, deine Schwiegermutter ist gestorben. Sag mal, was hat sie denn gehabt?" - "Och, ein bisschen Schmuck, einen Fernseher und etwas Gespartes." "Ach Schmarren - so meinte ich das doch nicht. Ich meine, was hat ihr denn gefehlt?" - "Na ja, eine anständige Altersversorgung, Sparbücher, ..." - "Mann - das meine ich doch auch nicht. Ich wollte wissen, warum sie gestorben ist!"
   "Ach sooo. Tja - das lief ganz dumm. Ich sagte zu ihr, sie soll mal in den Keller gehen und Kartoffeln raufholen. Dabei ist sie auf der Treppe ausgerutscht und hat sich das Genick gebrochen." - "Ja Waaaahnsinn, ehrlich..... und? Was habt ihr dann gemacht?" - ".... Nudeln!"

Auf dem Friedhof ist eine Party. Ein Skelett zündet sich gerade in aller Ruhe eine Zigarette an, da kommt ein anderes angeklappert: "Ich denke, du rauchst nicht mehr?" - "Hin und wieder schon, aber nicht mehr auf Lunge!"

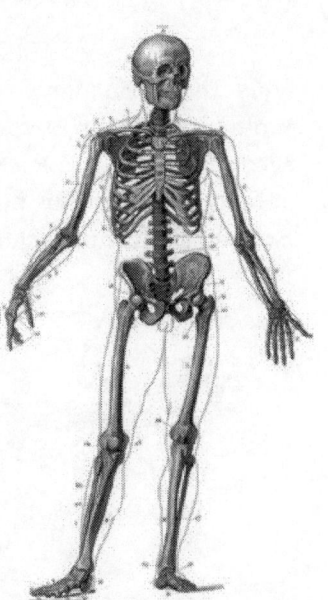

Zwei Geschäftsleute kommen aus einer Spielbank, der eine nackt, der andere nur in der Unterhose. Sagt der Nackte zu seinem Begleiter: „Sie wissen wenigstens noch, wann Sie aufhören müssen!"

Ein Polizist beobachtet morgens um drei Uhr einen Mann, der zögernd vor einer Haustür steht. "Wo wollen Sie denn hin?", fragt der Polizist. "Ich muss zu einem Vortrag", stottert der Mann. "Zu einem Vortrag? Um diese Zeit gibt es doch keine Vorträge!" - "Oh", sagt der Mann, "da kennen Sie aber meine Frau schlecht!"

Ein Schneemann ruft zum anderen: „Sehr merkwürdig, immer wenn die Sonne scheint, läuft es mir eiskalt den Rücken runter!"

Zwei Radfahrer fahren auf schlechtem Weg. Da meint der eine: „Wenn es mit dem Fahren nicht besser geht, werden wir am besten fahren, wenn wir gehen."

"Aus Ihren Handlinien lese ich Schreckliches", flüstert die Wahrsagerin. "Es wird ein böses Ende mit Ihnen nehmen, man wird Sie töten, kochen und auffressen." - "Moment", unterbricht sie der Kunde, "lassen Sie mich doch erst die Schweinslederhandschuhe ausziehen!"

Ein Professor sitzt in der Mensa und isst. Ein Student setzt sich ungefragt ihm gegenüber. Etwas verärgert meint der Professor: „Also, seit wann essen denn Adler und Schwein an einem Tisch?" Der Student: „Ok, dann flieg ich halt weiter!"

Leserbrief: Eben lese ich in Ihrer Zeitung, dass ein bekannter Politiker seiner Frau den Rücken gekehrt habe. Finden Sie es nicht auch skandalös, dass solche intimen körperlichen Reinigungsmaßnahmen unter Eheleuten öffentlich breitgetreten werden?

Leserbrief: Kürzlich las ich in Ihrer Zeitung, dass es in einer fränkischen Stadt hundert Vorhänge für den Ring gab. Wie mir ein hiesiges Raumausstattungsgeschäft mitteilte, müsste es umgekehrt heißen, nämlich: hundert Ringe für einen Vorhang. Finden Sie nicht auch, dass das letztere logisch ist?

"Die Polizei sucht einen großen blonden Mann um die dreißig, der Frauen belästigt!" liest Frau Schröder ihrem Mann vor. Er: "Meinst Du wirklich, dass das der richtige Job für mich ist?"

Soeben höre ich, dass Tante Frieda gestorben ist. Sie wurde im Schlaf überrascht. Schrecklich - sie weiß also noch gar nichts davon.

Ein Pilzsammler beobachtet zwei Jäger, wie sie ein geschossenes Wildschwein mühevoll zu ihrem Auto ziehen. Nach einiger Zeit lacht er und sagt: "Kein Wunder, dass ihr euch so schwertut. Ihr zieht ja entgegengesetzt zur Richtung der Borsten." Die beiden bedanken sich für den guten Tipp und ziehen nun weiter in Richtung der Borsten.

Nach einigen Minuten sagt der eine Jäger zum anderen: "Also, leichter geht es nun schon, aber leider entfernen wir uns so auch immer mehr von unserem Auto!"

Deutsche Kleinkinder sagen „a, a" wenn sie aufs Klo müssen. Was sagen griechische Kleinkinder? – „Alpha, alpha".

„Herr Doktor, was soll ich machen? Mein Sohn kaut Nägel!" „Geben Sie ihm doch mal Schrauben!"

Sagte der Schotte zu seiner Frau: "Mary, jetzt ist die Gelegenheit zum Haare waschen. Sie haben Föhn angesagt."

Herr Doktor, Herr Doktor, ich hab jeden Morgen um sieben Uhr Stuhlgang!" - "Ja, das ist doch sehr gut!" - "Aber ich steh erst um halb acht auf!"

Ein Mann und eine Frau gehen zum Zelten, bauen ihr Zelt auf und schlafen ein. Einige Stunden später weckt die Frau den Mann auf und meint: „Schau gerade hinauf in den Himmel und sage mir was du siehst!" Der Mann sagt: „Ich sehe Millionen von Sternen." Die Frau fragt: „Und was denkst du jetzt?"
Der Mann überlegt eine Minute:
„Astronomisch sagt es mir, da sind Millionen von Galaxien.
Astrologisch sagt es mir, dass der Saturn im Löwen steht.
Zeitmäßig gesehen sagt es mir, dass es ungefähr 3 Uhr ist.
Theologisch sagt es mir, dass der Herr allmächtig ist und wir alle klein und unbedeutend sind.

Meteorologisch scheint es so, als hätten wir morgen einen wunderschönen Tag.
Was sagt es dir?"
Die Frau ist für einen Moment still und sagt dann: Praktisch gesehen sagt es mir: „Man hat unser Zelt geklaut."

„Nein, bitte nicht", jammert der Mann, als der Vampir ihn packt, „das halte ich nicht aus. Ich bin doch Bluter!"
„Sieh da", lächelt der Vampir, „ein Longdrink!"

War Jesus verheiratet? Ja, denn es steht geschrieben: "Er ging in die Wüste und eine lange Dürre folgte ..."

„Kann ich morgen zum Essen vorbeikommen?" fragt der Kannibale seinen Freund. „Natürlich, Du weißt doch, dass ich immer ein offenes Ohr für Dich habe!" Nachdem er aber zu spät kommt, bekommt er nur noch die kalte Schulter.

Hoppelt ein Häschen durch den Wald. Da trifft es einen komischen Hund. Der Hase fragt: "Was bist du denn?" - "Ich bin ein Wolfshund, mein Vater war ein Wolf und meine Mutter ein Hund!" Das Häschen hoppelt weiter und kommt zu einem komischen Esel. Es fragt: „Was bist du denn?" – „Ich bin ein Maultier, mein Vater war ein Pferd und meine Mutter ein Esel!" Das Häschen hoppelt weiter und kommt zu einem unbekannten Tier. Es fragt: „Was bist du denn?" – „Ich bin ein Ameisenbär!" Darauf der Hase: „Das glaubst du wohl selbst nicht!"

Am Stammtisch fragt einer den anderen: „Kennst Du den Unterschied zwischen Griechen und Römern?" Der andere überlegt: „Nein!" – „Die Griechen können aus Römern trinken, die Römer aber nicht aus Griechen!" Mischt sich der Sachse ein: „Versteh ich nisch, warum gennen denn die Remer nisch aus Kriechen drinken?"

Zwei Schweizer Jäger verirren sich nachts im Wald. "Gib doch einen Schuss ab", schlägt der eine vor. "Vielleicht findet man uns dann leichter." Der zweite befolgt den Rat. Keine Reaktion. "Schieß noch mal!" fordert ihn der erste auf. Wieder ein Schuss, wieder keine Reaktion. "Noch einen Schuss!" drängt sein Freund. "Tut mir leid", antwortet der Schütze, "das war mein letzter Pfeil."

„Nun geht's aber rund", sagte der Papagei, als er in den Ventilator geriet.

Ein Auge und ein Fuß sitzen auf einer Bank. Sagt das Auge "Ich geh jetzt!" Darauf der Fuß: „Das will ich sehen!"

Mami-Mami, mir ist ganz schwindlig!" "Sei still! Das ist doch erst der Vorwaschgang!"

"Mami-Mami ich bin jetzt schon 17 Jahre. Darf ich nun einen BH tragen?" - "Nein, Uwe!"

"Mami-Mami, gibt es eigentlich Werwölfe?" - "Nein, so ein Quatsch, und jetzt geh und kämm dein Fell!"

Zwei Planeten im Weltall „Du siehst aber ganz schlecht aus" - „Kein Wunder, ich habe homo sapiens."

Fußballer zum Schiedsrichter: „Wie geht es eigentlich Ihrem Hund?" Schiedsrichter: „Ich habe keinen Hund!" Fußballer: „Oh, das tut mir aber leid. Blind – und keinen Hund!"

Dementis: Es stimmt nicht, dass Costa Cordalis eine spanische Küstenlandschaft ist, und es entspricht nicht den Tatsachen, dass Menschen, die unter Hautunreinheiten leiden, Pickelhauben tragen müssen.

162

Manchen Männern ist es völlig gleich-
gültig, ob sie auf ihrem Hemd Ketch-
upspritzer oder Tintenkleckse haben.
Das sind sogenannte Fleckmatiker.

Bestellt ein Mann eine Pizza,
fragt der Kellner, "in vier
oder in acht Stücken?" Sagt
der Mann "in vier, acht
schaff' ich nicht!"

Kellner: „Wünschen der Herr Weiß-
oder Rotwein zum Menü?" Gast: „Mir ist
das völlig egal, ich bin farbenblind!"

Welche Bauern vergießen mehr Tränen,
als herkömmliche Landwirte? Weinbauern.

Welcher ist der erotischste unter den
Buchstaben? Das scharfe s.

Wer gerne näht, braucht Garn.
Was braucht der, der ungern näht? Ungarn.

Was ist die beliebteste Pastasorte
in Deutschland? Ulknudeln.

Bei welcher Moderatorin schalten moderne
Fernsehgeräte zusätzlich eine rote
Schlussleuchte ein? – Bei Carmen Nebel.

Was ist das negativste Musikinstrument? Der Kontrabass.

Wie heißt der Schalter einer Behörde, an dem am meisten getrunken wird? Der Kippschalter.

Welche Gehhilfe haben viele Imker im Alter? Den Bienenstock.

Wann werden viele Marionettenspieler arbeitslos? Wenn ihnen die Fäden gezogen werden.

 Hanna hat ihren Mann in eine Modeboutique geschleppt. Sie probiert verschiedene Kleider an und fragt: "Zu welchem würdest du mir raten?" - "Schwer zu sagen. Bei dir ist guter Rat teuer!"

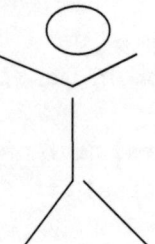

"Was habt ihr denn heute in der Schule gemacht, Mäxchen?" - "Männliche Prostituierte gemalt." - "Wie bitte?" - "Strichmännchen!"

Aufgeregt stürzt der Ehemann ins Schlafzimmer: "Schnell, Ute, zieh dich an, das Haus brennt!" - Da ertönt eine Stimme aus dem Kleiderschrank: "Rettet die Möbel!"

Missverständnis: „Früher hat man die Tauben auf dem Markt vergiftet." – „Ja früher, da gab es ja auch noch keine Hörgeräte."

164

Wie heißt die beständigste deutsche Stadt? - Konstanz.

Jammernd kommt der kleine Franz nach Hause. Seine Mutter fragt ihn: "Liebes, warum weinst du?" Franz: "In der Schule sagen alle, ich bräuchte mich nicht zu Fasching zu verkleiden, weil ich so hässlich aussehe". „Ach Quatsch" tröstet ihn seine Mutter. "Mein lieber Junge, nun schließe deine drei Äuglein und schlafe ein."

Lisa soll in der Schule ein paar Tiere aufzählen. Sie sagt: „Mäuschen, Kätzchen, Hündchen." Da meint die Lehrerin: „Das machst du sehr schön Lisa, aber lass doch mal das CHEN weg." Sagt Lisa: „Eichhörn, Kanin, Frett."

Protzkes waren in Rom. Ein Bekannter möchte wissen: „Haben Sie auch alles besichtigt, zum Beispiel das Kapitol?" Protzke: „Wenn wir schon mal in Rom sind, dann gehen wir doch nicht ins Kino!"

Kommt ein Mann in die Apotheke: "Guten Tag, ich hätte gerne eine Dose Hodenfarbe." - "Wie bitte?" - "Eine Dose Hodenfarbe!" - "Wie kommen Sie denn darauf?" - "Tja, mein Arzt hat mich untersucht, mit dem Finger gewackelt und gesagt: „Herr Meier, Sie haben zu viel Cholesterin im Blut, da müssen wir die Eier ab sofort streichen!"

Ein Seemann muss ungern für längere Zeit auf See. Seine Frau erwartet das erste Kind. „Wenn das Baby da ist, sende ich Dir ein Telegramm aufs Schiff." - „Nein! Dann muss ich ja allen Matrosen einen ausgeben, das wird zu teuer." Also vereinbaren sie einen Geheimcode. Die Frau soll nur telegrafieren „Eis da!" Fünf Monate später kommt ein Telegramm aufs Schiff: „Zwei Eis – eins mit Stiel – eins ohne!"

Zornige Stimme am Telefon: "Das Huhn, das Sie mir angedreht haben, müssen Sie umtauschen, es ist alt und zäh." - "Tut mir leid, dafür sind wir nicht zuständig." - "Aber ist dort nicht Geflügel-Moeller?" - "Nein, hier ist das Standesamt!"

Missmutig rührt der Gast in seiner Tasse. "Ist was?" fragt der Kellner. "Soll das nun Tee oder Kaffee sein?" fragt der Gast, "das schmeckt ja wie Petroleum." - "Dann ist es Kaffee – unser Tee schmeckt nach Seife."

"Erlauben Sie mal die Frage Herr Frank. Warum schreiben Sie den Jahresabschluss nur in Rot?" - "Weil wir keine schwarze Tinte mehr haben, Herr Direktor!" - "Dann kaufen sie gefälligst schwarze Tinte!" - "Kann ich nicht machen, Herr Direktor, dann stehen wir wieder in den roten Zahlen!"

Der neue Papst geht zum ersten Mal mit seiner Kurie in die Sauna und ist ganz begeistert. Nach dem Schwitzen wendet er sich einem seiner Kardinäle zu: "Das ist ja so entspannend hier. Diese Sauna gefällt mir, das sollten wir öfter machen. Lasst uns morgen wieder in die Sauna gehen." Der Kardinal wird etwas verlegen: "Das geht nicht, Heiliger Vater!" - "Warum denn nicht?" - "Morgen ist hier gemischte Sauna." - "Ach die paar Protestanten stören mich nicht."

Anruf beim Vatikan. Der Anrufer ist der neue Marketing-Direktor von Coca-Cola. Den Anruf nimmt der persönliche Sekretär des Papstes entgegen. Der Marketingmann kommt gleich zur Sache: "Wir wollen unsere Werbekampagne ausweiten und möchten fragen, wie viel es kostet, wenn im Vaterunser anstatt „Unser tägliches Brot gib uns heute" stehen würde „Unser täglich Coke..." Ist ja eh zeitgemäß."

Der Sekretär meint, er könne das nicht entscheiden, das muss der Papst machen. Also wird der Papst gefragt. Als der Papst den Vorschlag hört, greift er direkt zum Telefon: "Wie lange läuft der Vertrag mit der Bäckerinnung noch?"

Der Kaplan zeigt beim Erstkommunionunterricht den Kindern den Beichtstuhl. Ein kleiner Junge sieht die Stola dort hängen und fragt den verdutzten Kaplan: "Müsst ihr euch jetzt auch anschnallen?"

Der Kölner Kardinal vermacht dem Papst zum Amtsantritt seinen Papagei. Dieser hatte die Angewohnheit, jeden Tag in der Früh, wenn der Kardinal ins Zimmer kam, zu sagen: "Guten Morgen, Eminenz." Wie sein Käfig nun im Arbeitszimmer des Papstes steht, macht er genau das gleiche. Jeden Morgen: "Guten Morgen, Eminenz."

Der ganze Vatikan ist entrüstet, dass der Papagei nicht "Guten Morgen, Eure Heiligkeit" sagt. Sie probieren alles Mögliche, um dem Papagei den neuen Spruch beizubringen - vergebens. Schließlich meint ein Berater des Papstes:

"Weißt Du was, morgen in der Früh gehst Du in vollem Ornat mit Mitra, Hirtenstab und prunkvollem Messgewand ins Arbeitszimmer, dann ist der Papagei sicher so voller Ehrfurcht, dass ihm gar nichts anderes übrigbleiben wird, als "Heiligkeit" zu sagen.
Gesagt, getan, am nächsten Morgen geht der Papst entsprechend ausgestattet ins Arbeitszimmer. Der Papagei scheint zuerst etwas verwirrt zu sein, dann ruft er:
"Kölle Alaaf, Kölle Alaaf!"

Ein Benediktiner, ein Dominikaner, ein Franziskaner und ein Jesuit beteten zusammen, als plötzlich das Licht ausging. Der Benediktiner wollte weiterbeten, er konnte alles auswendig. Der Dominikaner regte ein Streitgespräch über Licht und Dunkel in der Bibel an, der Franziskaner schlug vor, dass alle dem Herrn für das Licht danken sollten, das ihnen so sehr fehlte, da wurde es wieder hell. Der Jesuit hatte die Sicherung ausgewechselt.

Ein Delinquent wird vom Pfarrer zum Galgen begleitet. Es regnet in Strömen, der Pfarrer hält den Schirm. Gefangener: "So ein Sauwetter Herr Pfarrer!" Pfarrer: "Sie haben´s gut, sie müssen nur hin - ich muss auch wieder zurück!"

Stellen Sie sich vor, mein kleiner Peter sitzt bereits obwohl er erst sechs Monate alt ist!" - "Nein, die heutige Jugend! Was hat er denn angestellt?"

Richter: „Warum haben Sie denn nur das Rad gestohlen?" Dieb: „Wissen Sie, das Rad lehnte an der Friedhofsmauer, und ich dachte, der Besitzer sei gestorben!"

Ein junger Mann hat schon seit langer Zeit tierische Kopf-schmerzen und geht deshalb zum Arzt. Der untersucht ihn von oben bis unten und sagt schließlich: "Ich habe eine gute und eine schlechte Nachricht für Sie! Die gute ist: Ich kann Ihre Kopfschmerzen kurieren. Die schlechte: Ich muss Sie dafür kastrieren. Sie leiden unter einer sehr seltenen Krank-heit, bei der Ihre Hoden gegen Ihr Steißbein drücken und dadurch diese Kopfschmerzen verursachen. Die einzige Möglichkeit, diesen Druck zu verringern ist die Entfernung Ihrer Hoden."
   Der junge Mann ist schockiert - aber da er mit diesen Kopfschmerzen nicht mehr leben möchte, entscheidet er sich schweren Herzens für die Kastration. Als er aus dem Krankenhaus kommt, zum ersten Mal seit 20 Jahren ohne Kopfschmerzen, hat er das Gefühl, dass ihm ein sehr

wichtiger Teil fehlt. Und wie er so die Straße entlanggeht, erkennt er, dass er sich wie ein anderer Mensch fühlt. Er beschließt, sein Leben neu zu beginnen.

Kurz darauf sieht er einen Herrenausstatterladen und denkt sich: "Ein neues Jackett wäre jetzt genau das richtige." Also betritt er den Laden und sagt zu dem Verkäufer: "Ich hätte gerne ein neues Jackett".

Der ältere Verkäufer betrachtet ihn kurz und sagt dann: "Okay, Größe 44!" Der junge Mann ist total erstaunt: "Woher wissen Sie das?" - "50 Jahre Berufserfahrung", sagt der Verkäufer. Der junge Mann zieht das Jackett an und es passt perfekt.

Während er sich dabei im Spiegel betrachtet, fragt der Verkäufer: "Und wie wäre es mit einem neuen Hemd?" Der junge Mann denkt kurz nach und sagt dann: "Okay." Und wieder betrachtet der Verkäufer ihn kurz und sagt dann: "Kragenweite 41,Taillenweite 128!"

Der junge Mann ist erneut total erstaunt: "Das stimmt! Woher wissen Sie das?" - "50 Jahre Berufserfahrung", sagt der Verkäufer. Der junge Mann probiert das Hemd an und es passt perfekt. Während der junge Mann nun mit neuem Hemd und Jackett durch den Laden geht und sich sichtlich wohl fühlt, fragt der Verkäufer: "Und wie wäre es mit neuer Unterwäsche?"

Der junge Mann denkt kurz nach und sagt dann: "Okay." Und nach einer weiteren optischen Begutachtung sagt der Verkäufer: "Größe 7!" - "Ha!", sagt da der junge Mann, "jetzt hab' ich Sie erwischt. Ich trage Größe 5 seit ich 18 bin." Da schüttelt der Verkäufer den Kopf und sagt:

"Sie können keine Unterhosen in Größe 5 tragen. Eine Unterhose in Größe 5 würde Ihre Hoden gegen das Rückgrat drücken, und Ihnen tierische Kopfschmerzen verursachen!"

Arzt: „Sie haben eine sehr seltene, sehr ansteckende Krankheit. Wir müssen Sie auf die Isolierstation verlegen, und dort bekommen Sie nur Kartoffelpuffer und Spiegeleier zu essen." Patient: "Werd' ich davon denn wieder gesund?" Doktor: "Nein, aber das ist das einzige, was sich unter der Tür durchschieben lässt."

Den Amerikanern war es endlich gelungen ihren Topspion in Moskau einzuschleusen. Der Mann war fünf Jahre lang ausgebildet worden. Sie hatten ihm alles beigebracht, was sie über Russland wussten. Er war total auf Russe getrimmt.

Am Ende der Ausbildung bezweifelte er ernsthaft seine amerikanische Staatsbürgerschaft. Er fühlte wie ein Russe. Kurz und gut: Es gab keinen Besseren! Sein erster Auftrag führte ihn in eine kleine russische Kneipe.

Er setzte sich an einen Tisch und bestellte eine Flasche Wodka, die er in einem Zug leerte. Der Wirt nickte anerkennend und meinte: "Briderchen, Du säufst wie ein Russe, aber Du bist keiner!" Unserem amerikanischen Freund lief es eiskalt den Rücken herunter.

Sollten die ganzen harten Jahre der Ausbildung umsonst gewesen sein? Konnte es sein, dass der erste Russe, der seinen Weg kreuzte, seine Tarnung durchschaute? Hatten sie die Russen vielleicht doch unterschätzt? Hatte sein Deo versagt?

Während ihm noch diese quälenden Fragen durch den Kopf gingen, sprang er auf, griff sich eine Balalaika, die zufällig herumlag und spielte so gut, dass alle Anwesenden begeistert klatschten und ihm zujubelten. Und das Lied, das er dazu sang war so traurig, dass sogar den anwesenden KGB-Agenten die Tränen herunterliefen.

Auch der Wirt klatschte Beifall, doch etwas im Gesicht des Mannes ließ unseren Spion das Blut in den Adern gefrieren, denn der Wirt meinte: "Bravo, Briderchen, Du spielst und singst besser als jeder Russe, aber.... DU BIST KEIN RUSSE!" Jetzt wollte es unser Mann aber wissen.

Er gab der ebenfalls anwesenden Band einen Wink, und als diese eine wilde Melodie anstimmte, begann er einen Kasatschok zu tanzen, das allen Hören und Sehen verging.

Er wirbelte durch die Kneipe, und alle weiblichen Herzen flogen ihm zu. Als er erschöpft endete, und das letzte Mal seine Beine weit hinausgeschleudert hatte, dachte er, jetzt kann aber niemand mehr Zweifel an seiner Identität haben.

Doch das leichte Kopfschütteln des Wirtes, das er in der tobenden Menge ausmachte, belehrte ihn rasch eines Besseren. Hier hatte er seinen Meister gefunden.

Sicherlich war er ein hohes Tier beim KGB, der natürlich schon lange über seinen Einsatz gewusst hatte, und seinerseits seinen Topmann auf ihn angesetzt hatte. Mit hängendem Kopf und Schultern ging er auf ihn zu. Der Wirt empfing ihn mit einem Seufzer: "Briderchen, Briderchen, Du tanzt wie ein russischer Gott, aber Du bist kein Russe!"

Das war zu viel für unseren wackeren Helden. Schluchzend brach er zusammen und stammelte nur noch: "Ja, ja, Du hast recht, aber wie, in aller Welt konntest Du das wissen?" Der Wirt zuckte leicht mit den Schultern und meinte dann: "BEI UNS IN RUSSLAND GIBT ES KEINE SCHWARZEN!"

Pferdefleisch in der Lasagne

Kaum wurde im Februar 2013 dieser Skandal aufgedeckt, kursierten bereits die ersten Witze dazu:

Woran erkennt man Pferdelasagne? Der Nährwert ist auf der Packung nicht in kcal angegeben, sondern in PS.

Was lehrt uns der aktuelle Fleischskandal? Na, zum Beispiel, dass Schimmel in der Lasagne kein Zeichen für mangelnde Frische sein muss.

Wenn Lasagne jetzt teurer wird, dann liegt es sicher an der galoppierenden Inflation.

Der Verzehr des Lasagne-Fertigproduktes ist nicht gesundheitsgepferdend!

Mich bringen keine zehn Pferde dazu, jetzt noch Lasagne zu essen!

"Wieso sprichst du mit deiner Lasagne?"
„Ich bin ein Pferdeflüsterer."

"Ich mag meine Lasagne nicht essen!" –
„Wieso das denn nicht? Ich dachte du magst Pferde?!" - "Deine Lasagne wiehert mich an!"

"Könnt ihr mal aufhören auf der Lasagne rumzureiten?!"

"Man spendierte mir gestern zu Mittag eine total versalzene Lasagne. Aber nun gut, einem geschenkten Gaul schaut man nicht ins Maul!"

173

Managementmethoden

Management by Robinson
Warten auf F r e i t a g !

Management by Crocodile
Bis zum Hals im Dreck stecken,
aber das Maul weit aufreißen.

Management by Partisan
Selbst die engsten Mitarbeiter falsch informieren, damit
die eigenen Ziele nicht erkennbar sind.

Management by Ping-Pong
Jeden Vorgang so lange hin- und herschieben, bis er sich
von selbst erledigt hat.

Management by Helikopter
Über allem schweben, von Zeit zu Zeit auf den Boden kom-
men, viel Staub aufwirbeln und dann wieder ab in die höheren
Sphären entschweben!

Management by Hippopotamus
Zuerst das Maul groß aufreißen
und dann abtauchen.

Management by Moses
Führung in die Wüste und
das Warten auf ein Wunder.

Management by Känguru
Je leerer der Beutel, desto größer die Sprünge.

Management by Chromosome
Führungsqualifikation ausschließlich
durch Vererbung erworben.

Management by Potatoes
Rin in die Kartoffeln –
raus aus den Kartoffeln.

Management by Dübel
Lücke erkennen, schnell "reinquetschen" und sofort breit
machen.

Management by Champignon
Mitarbeiter im Dunkeln lassen, von Zeit zu Zeit mit Mist
bestreuen, und wenn sich Köpfe zeigen, sofort absäbeln.

Management by Harakiri
Souveräne und dauernde Missachtung aller Gegebenheiten.

Management by Jeans
An allen wichtigen Stellen sitzen Nieten.

Management by Surprise
Erst handeln, dann von den Folgen überraschen lassen.

Management by Herodes
Intensiv nach dem geeignetsten Nachfolger suchen und dann
feuern.

Management by Kette
Loch an Loch, aber es hält doch.

Management by Darwin
Mitarbeiter gegeneinander aufstacheln, Sieger befördern,
Verlierer abschieben.

Management by Schaukelpferd
Ständig in Bewegung sein und doch
nicht weiterkommen.

Management by Staubsauger
Den ganzen Tag herumsurren und
sich um jeden Dreck kümmern.

Management by Titanic
Perfekt geplant und abgesoffen.

Management by Sausage (Wurst)
Alles ist Wurscht und jeder gibt
seinen Senf dazu.

Management by Potemkin
Macht mal ein paar schöne Prospekte und Presseberichte,
der Rest ergibt sich von selbst.

Management by Fallobst
Wenn Entscheidungen reif sind, fallen sie von selbst.

Management by Moby Dick
Immer im Tran.

Management by Bycicle
Oben ruhig bleiben,
nach unten heftig strampeln.

Management by Gänseblümchen
Entscheidungsfindung nach dem System: soll ich, soll ich
nicht ...

Management by Cow
Alles abgrasen und dann weiterziehen.

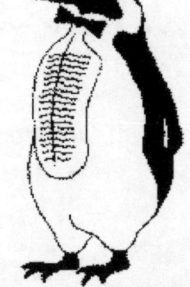

Management by Egg
Erst sorgfältig behandeln und
dann doch in die Pfanne hauen.

Management by Efeu
Kriechend über sich selbst hinauswachsen.

Management by Sanduhr
Alles durchlassen und warten bis die Wende kommt.

Management by Hai
Auftauchen, Schrecken verbreiten, abtauchen.

Management by Happening
Das Resultat zum Ziel erklären.

Management by Pinguin
Grundfarbe schwarz, weiße Weste,
steht auf wackeligen Füßen.

Management by Katze
Beide Pfoten auf den Tisch legen und auf die Mäuse warten.

Management by Decibels
Überzeugen durch Lautstärke, anstelle von Argumenten.

Bairischer Dialekt

Bairische Sprüche und Weisheiten

A Bia, schod't nia.

A bissal mehra wia weniga, is oiwei bessa wia schlechta.

A Manna, hod a gsogd, kriagad i.
A Manna! Den kennds selba saufa, den Manna.

An ogfisldn Oachkatzlschwoaf muasst mid
umaran Zwoaring Vitrioiöi eiöin.

An Grisbam soist ned voa d'Heizung stelln, weil:
do dadada dadürrn!

As gsündeste is oiwei guad essn
und dringa und ned grang wern.

A xottns Xelchts, a xoizna Radi und a xüfix Bia –
dees is xund!

Brauchst Untatassalan aa? Oda tans de Schalalan alaan aa?

Da Mensch is guad, aba d'Leid san a Bande!

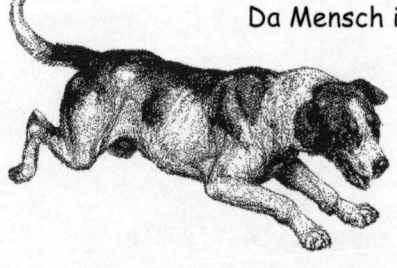

„Da stinkt's" -
„Des san d' Hund" -
"San aba koane do" -
"Wer'n scho no kemma."

178

A z'spat b'stellt's Speckb'steck is a
Speckb'steck, des z'spat b'stellt is.

"Gedsaarafdwiesn?" =
"Werdet Ihr auch das Oktoberfest besuchen?"

Heid aufd Nachd wern d'Preißn abgschlacht,
wer a Preißnfleisch mog, soi kemma de Dog.

"Mogsdafozn?" =
"Legst Du großen Wert auf eine Maulschelle?"

Tierisches von Max Dietrich

Fragen an ein Hirschkäfermandl

Hirschkäfermandl, warum
tragst du klaglos und stumm
so a Mordstrumm
G'weih mit dir rum?
Bist dumm?
Sag scho, kumm!
- - -
Silentium.

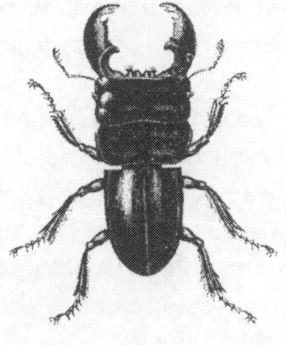

Okapi

Im Tierpark sagt gschnappi
da Bua zu seim Papi:
I glaab, i werd dappi,
do steht a Okapi!

179

Du Papi,
was frisst a Okapi?
Vielleicht gar a Schappi?

Koa Ahnung, sogt Papi.
Bua, d' Sunn sticht so abi,
i moan des Okapi
werd langsam ganz dappi.
Es bräucht hoit a Kappi!

Do vorn steht a Rabbi!
Dem klau'n ma sei Kappi
und gem's am Okapi.

De Roas auf Minga – die Reise nach München

Es ist schon einige Jahrzehnte her, als ein älteres Ehepaar
aus einem kleinen bayerischem Ort nach München fährt. Als
sie am Hauptbahnhof in München ankommen, sieht die
Mutter ein Schild und liest: „Achtung Geleise".

Erschrocken sagt sie: "Vadda, ziag d'Schua aus, do miass
ma leise geh'n!" Beide ziehen die Schuhe aus und so kommen
sie auf Strümpfen bis zum Oberpollinger. Die Mutter will
sich einen Regenschirm kaufen. Sie geht auf den Portier zu
und sagt: „Grüaß eana God, Herr Oberpollinger, i brauchat
an neien Schirm".

Der Portier fühlt sich nach dieser Anrede geschmeichelt
und sagt ganz vornehm: „Erst'n Stock". „Schmarrn", denkt
die Mutter und geht auf einen Verkaufsstand zu und fragt
da nach einem Schirm. „Erst'n Stock!" gibt die Verkäuferin
zur Antwort. Und so geht es ihr auch an einem anderen

Stand. Sie kommt zum Vater zurück und sagt: „Do kemma koan Schirm kaffa, de sog'n oisam, mia miass'n erst an Stecka kaffa."

Der Mutter fällt aber noch etwas ein, was sie gerne kaufen will. „Vadda", sagt sie, „mia miassn no an Spiagl kaffa." Nach langem Suchen und die Schuhe noch immer in der Hand, finden sie dann auch das richtige Geschäft und der Spiegel ist schnell ausgesucht. Als sie bezahlen wollen, fragt die Verkäuferin: „Soll ich Ihnen den Spiegel etwas einschlagen?" „Um Gods Wuin!" ruft die Mutter ganz außer sich, „kaputte Spiagl ham ma dahoam grad gnua!"

Weil sie aber nun einmal in der Stadt sind, wollen sie auch mal ins Theater gehen. „Wos gibt's heit?" fragt der Vater am Billettschalter. „Was ihr wollt!" sagt das Mädchen ganz freundlich. „Ja, Muatta, denk amoi nach, wos woin ma denn seng?" Sie denken alle zwei angestrengt nach, und dann fällt ihnen ein, dass sie einmal etwas von Wilhelm Tell gehört haben. „Ja, dann nemma an Wilhelm Tell!" Aber im nächsten Moment wird der Vater ganz ernst, denn er liest am Theatereingang „Programm 10 Pfennig." Er geht zur Mutter zurück und sagt: „Do kemma net neigeh'n, do muaß ma nach'm G'wicht zoin, pro Gramm 10 Pfennig steht do, und des is ma bei deine zwoa Zentna einfach z'deia!"

Von all dem, was sie bis jetzt erlebt haben, sind sie nun müde und auch hungrig. Sie gehen auf ein Hotel zu und fragen nach einem Zimmer. Ein Doppelzimmer gibt es nicht mehr, und so müssen sie zwei Einzelzimmer nehmen.

Vor dem Schlafengehen wollen sie aber zuerst noch etwas Gutes essen, und so gehen sie in das Hotelrestaurant. Der Ober bringt ihnen die Speisekarte. Als erstes liest der Vater: „Kartoffelsuppe".

„Na", sagt er, „an ganz'n Tog seh' i dahoam Kartoffe und iatz soi i in der Stod no a Kartoffesupp'n ess'n, na!"

Als zweites auf der Karte steht Kotelett. Sagt die Mutter: „Mia ham dahoam grod selber g'schlacht, Kotelett kemma a dahoam ess'n!" „Aber do", findet der Vater etwas, „do steht Menue!" „Des nemma," sagt die Mutter, „des is so schee französisch, des muaß bestimmt guat sei".

So bestellen sie das Menue. Als Erstes bringt der Ober die Suppe. Und was ist es? „Kartoffelsuppe". „Na, des is Betrug", sagt der Vater, „de iß i net". Die Mutter schlingt die Suppe mit Widerwillen hinunter.

Als zweites gibt es, was könnte es anders sein, Kotelett. „Mensch Oide," sagt der Vater, „des is ja a Kotelett!" Aber vor lauter Hunger essen sie es dann doch.

Nun sind sie richtig müde und gehen auf ihre Zimmer. In einem Nachbarzimmer ist ein Gast krank und braucht – weil er eine Kolik hat – vom Doktor einen Einlauf.

Der Arzt kommt auch mitten in der Nacht, verwechselt die Tür und landet am Bett des Vaters. Der arme Mann ist ganz verschlafen und lässt sich den Einlauf machen.

Er denkt, das gehört alles zum Service des Hotels, und hat anschließend eine ganz unruhige Nacht. Alle zwei fahren am nächsten Tag wieder in Richtung Heimat.

Zu Hause erzählen sie allen Nachbarsleuten: „Fahrt's bloß net auf Minga nei, da miasst's auf de Strümpf' durch d'Stod laffa.

Wenn'st an Schirm kaffa wuisst, muasst erst an Stecka kaffa. Kafft's eich an Spiagl, dann haun's den glei im G'schäft z'amm.

Im Theater miasst's den Eintritt nach G'wicht zoin. Des schlimmste aber is, wenn ma im Hotel de Kartoffesupp'n net isst, dann werd's oahm in der Nacht hint' nei blos'n!"

Lustige Bilder und Texte

ANTRAG AUF ABENDLICHE AUSGEHERLAUBNIS MIT KUMPELN

Name des Ehemanns:

Ich bewerbe mich um die Erlaubnis einer kompetenten Autorität, im unten genannten Zeitraum mit meinen Freunden auszugehen:

Datum: Ausgang-Uhrzeit: Rückkehr SPÄTESTENS bis Uhrzeit:

Im Falle der Erteilung einer Erlaubnis schwöre ich bei meiner Ehre, mich nur an den unten bezeichneten Orten und nur zu den unten bezeichneten Zeiten aufzuhalten. Ich verspreche, keine Frauen anzubaggern. Ich verspreche, keine Frauen ausser den unten bezeichneten anzusprechen. Ich werde unter keinem Vorwand mein Mobiltelefon abschalten. Ich werde nur die unten bezeichneten Alkoholmengen verzehren. Im Falle des Überschreitens der vorgesehenen Mengen werde ich zunächst ein Taxi rufen und alsdann unverzüglich meine Frau anrufen, um diese um eine Zusatzerlaubnis zu bitten. Ich willige ein, dass selbst im Fall des Erlangens der Zusatzerlaubnis meine Frau sich dass Recht vorbehält, während der gesamten folgenden Woche nicht mit mir zu sprechen und mir die Hölle auf Erden zu bereiten.

Alkohol erlaubt (Einheiten)

Bier :   Wein :   Andere :   Gesamt :

Autorisierte Aufenthaltsorte

Wo:	Von:	__h__	Bis:	__h__
Wo:	Von:	__h__	Bis:	__h__
Wo:	Von:	__h__	Bis:	__h__

Frauen, die angesprochen werden dürfen (z.B. Kellnerinnen)

WICHTIG – SALVATORISCHE TOPLESS KLAUSEL :
Unabhängig von den oben aufgezählten Personen weiblichen Geschlechts, ist es strengtens verboten in Kontakt zu nackten oder halbnackten Frauen zu treten. Das Brechen der Bedingungen dieser Klausel hat die sofortige und fristlose Kündigung der Beziehung zur Folge.

Ich deklariere, dass mir bewusst ist, wer im Haus das Sagen hat. Mir ist bewusst, dass dieser abendliche Ausgang mit meinen Freunden mich ein Vermögen in Blumen und Geschenken kosten wird. Meine Frau behält sich das Recht vor, meine Kreditkarte als Mittel der Kompensation zu gebrauchen. Darüberhinaus verspreche ich, sie zum Theaterstück/Konzert ihrer Wahl auszuführen, sofern die oben bezeichnete späteste Uhrzeit der Rückkehr überschritten wird.

Nach meiner Rückkehr verspreche ich, ausschliesslich in die Toilette zu pinkeln. Ich verspreche darauf zu achten, meine Frau nicht zu wecken und ihr meine alkoholischen Ausdünstungen nicht ins Gesicht zu atmen. Ich verspreche mich nicht wie ein Saufbold zu benehmen.

Ich versichere, dass alle im obigen Antrag deklarierten Angaben vollständig sind und der Wahrheit entsprechen.

Unterschrift Ehemann:

Erlaubnis: Erteilt: Abgelehnt:

Die obige Entscheidung ist endgültig. Im Falle einer positiven Entscheidung, Kontrollabschnitt abschneiden und während des Ausgangs stets bei sich tragen.

✂...

Erlaubnis zum abendlichen Ausgang meines Mannes im Zeitraum :
Datum: Uhrzeit von :   Uhrzeit bis :

184

LIEBER BRIEFTRÄGER
SOLLTEN SIE NOCHMAL
REKLAME
IN MEINEN
BRIEFKASTEN STECKEN,
VERGIFTE ICH IHRE KATZE

HELFEN SIE UNS MÜLL TRENNEN

BIER	KAFFEE
WEIN	TEE
SCHNAPS	ALK. FREI

188

Lieber GAST
haben eine nette
Mahlzeit, bitte, das keine
außerhalb der Gaststätte
genommen zu werden
Nahrung, dir danken

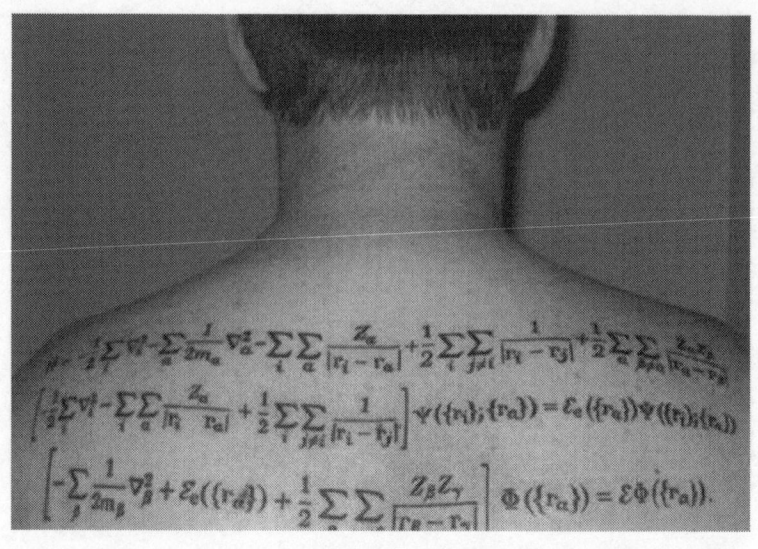

KO.K	FKK	LMAA	LKW	GEZ

Name des Versicherten   Vorname, geb. am:

Ausbeuter

Wohnung des Patienten

Arbeitsunlustbescheinigung
zur Vorlage beim Ausbeuter

Erstbescheinigung ☐

Folgebescheinigung ☐

Arbeitsunlustig seit: Voraussichtlich arbeitsunlustig bis:

☐☐☐☐☐☐   ☐☐☐☐☐☐

Der oben angegebenen Krankenkasse wird unverzüglich eine
Bescheinigung über die Arbeitsunlust mit Angabe über den Befund
sowie die voraussichtliche Dauer der Arbeitsunlust übersandt.

Diagnose:

☐ Faulenzia vulgaris extremica
☐ Antiworkaholicsyndrom
☐ Libertinismus Libido (Zügellosigkeits-Trieb)
☐ Lokalpatriotismus (Kneipenliebhaberei)
☐ Bereitschaftsinsuffizienz (Keine Lust)
☐ Rationalisierungsverfügbar
☐ Hyperomniaktiv (Verzettelt)
☐ Delirium tremens (... und tschüss)

Datum

Klinik am
HYPOCHONDERFRIEDHOF
Im Jenseitsweg 32–56   Unterschrift des Quacksalbers
54321 Himmelfahrt 1

II. Teil - Heinrich Schneider

Weisheiten, Sprüche, Synonyme und Denksport

Weisheiten und Sprüche

Agronomen sind Feldstecher.

Aller Anfang ist schwer,
sagte Darwin zur Amöbe.

Aller Anfang ist zufällig.

Alles feiern: Jahreswechsel und Wechseljahre.

Alle sind für die Menschenrechte,
aber viele lassen sie links liegen.

Alles was ist, könnte auch anders sein oder nicht sein.

Alles wird sich einrenken,
sagte der Arm zur Schulter.

Allheilmittel = Wandern, Wasser, Witze.

Als Lehrer lernst du jeden Tag,
auch das, was dir nicht passen mag.

Alte Männer träumen von der Auferstehung.

Alter ist keine Leistung,
sondern ein Nachteil.

Am Heerführer vorbeifahren heißt
Generalüberholung.

Anbandeln ist nicht dasselbe, wie auf Band sprechen.

Ansprachen sind meistens abgesprochen.

Arbeit ist keine Tugend, sondern ein Ausweg.

Armut ist nicht Unvermögen.

Auch Antiquitätensammler sind neugierig.

Auch Basen können sauer sein,
das nennt man Vetternwirtschaft.

Auch bei Ausreden ausreden lassen.

Auch bei einem Verhör kann man sich verhören.

Auch deine Tage sind gezählt,
sagte der Februar zum Schaltjahr.

Auch dem Ertrinkenden läuft das Wasser
im Munde zusammen.

Auch ein Marathonlauf beginnt
mit einem ersten Schritt.

Auch ein Schleicher kann auf dem Laufenden sein.

Auch ein Wurm krümmt sich,
wenn er um den Finger gewickelt wird.

Auch „endlich" ist ein Sterbenswörtchen.

Auch Hochzeit kann
ein Tiefpunkt sein.

Auch Juweliere geraten
aus der Fassung.

Auch Kannibalen kochen
nur mit Wasser.

Auch Nachzügler können
Vorzüge haben.

Auch Scheidung ist eine Entbindung.

Auch Unternehmer übergeben sich gelegentlich.

Auch Vornehme geben nach.

Auf der Herdplatte sitzen kann
zu einem Flächenbrand führen.

Auf die Welt kommen, kann ein Geburtsfehler sein.

Aufgetürmt und abgetragen:
Dinge, Wörter und das Leid.
Vieles dürft ihr weiter wagen,
wenn ihr euch bloß einig seid.

Auf Glatteis hinfällig zu werden, ist kein zufälliger Vorfall.

Aufschrift auf einer Kanzleitür:
Wenig Aussicht auf Einsicht.

Ausgaben sind leider nicht die Ausnahme.

Aus reiner Gefälligkeit lässt man
sich nicht aufs Eis führen.

Bedeutende Menschen darf man nicht
von unten herab betrachten.

Bei Ausreden lässt sie ihn nicht ausreden.

Bei der Intimpflege ist
mancher sehr penibel.

Bei der Polizei ist ein
Langfinger in guten Händen.

Bei einem Boxkampf
wird man häufig
übers Ohr gehauen

Bei einem Lottogewinn
darf man nicht Los lassen.

Bei Gruppenfahrten werden ab
und zu Abteile zugeteilt.

Bei Länderspielen sind oft nur die Hymnen schön.

Beim Friseur kommt man nicht ungeschoren davon.

Beim Fußball darf man dem Gegenspieler
nicht den Vortritt lassen.

Bei Schlechtwetter kommt das Baby
vom Regen in die Taufe.

Bei unsanfter Behandlung kann sich
eine Beziehung schlagartig ändern.

Belustigungen können beleidigen.

Bescheidenes Motto:
Aufschneider schneiden schlecht ab.

Besonderes Kennzeichen eines Kriminalbeamten:
Unauffälligkeit.

Besser Aufstrich, als Abstrich.

Besser ein kleiner Fehler, als ein großer Irrtum.

Besser Fehlleistungen, als gar keine.

Besser gestern, als niemals.

Besser vorort, als zurückgeblieben.

Besser Vorwitz, als Treppenwitz.

Bewacher eines Geschäfts sind Ladenhüter.

Bewunderung ist oft das Eingeständnis,
dass ein anderer mir ähnlich ist.

Biete dem Kopfschmerz nicht die Stirn!

Bitte keine Weitläufigkeiten beim Marathonbericht.

Bösartigkeit = Gemeinwesen.

Cousteau vertiefte sich in Meereskunde.

Darauf kannst du Gift nehmen, sagte die Kreuzotter.

Darf der Tormann unbefangen bleiben?

Darf ein Rechtsradikaler
Linkswalzer tanzen?

Darf man blue jeans
herablassend anschauen?

Das Anschaffen lässt
sich nicht abschaffen.

Das Billigste kostet zu viel.

Das einzige was er ihr schenkte, war keine Beachtung.

Das Entsorgen von Büchern = Kinetische Literatur.

Das Gehirn ist jenes Organ,
mit dem wir denken, dass wir denken.

Das Gleichgewicht zwischen Maß und Übermaß
nennt man Weisheit.

Das ist ja lächerlich, dass du nichts zu lachen hast.

Das jüngste Gericht ist die Muttermilch.

Das laufende Jahr zieht sich dahin.

Das Leben ist ein Glücksfall mit Todesfolge.

Das Monogramm ist keine kleine Masseneinheit.

Das Negative an der Kälte
sind die Temperaturen unter null.

Das Paradies ist ein Ort
mit geringer Fluchtgefahr.

Das Reich der Mitte wird
zum Nabel der Welt.

Das Schiff legte
flugs im Hafen an.

Das Theater der Jugend
ist eine Hebebühne.

Das Verhalten der Schüler war verhältnismäßig ruhig.

Das wilde Fleisch wird langsam zahm.

Dem aufstrebenden Architekten würde ein Hauseinsturz
nicht einmal im Traum einfallen.

Dem Glücklichen schlägt keine Stunde,
ihn streichelt jede Minute.

Dem Kahlkopf wurde kein Haar gekrümmt.

Den Geist aufgeben = einen witzigen Brief abschicken.

Den Stuhl wegziehen ist entsetzlich.

Den Verleger darf man nicht in Verlegenheit bringen.

Der alte Künstler erinnert sich nicht mehr
an seine Unvergesslichkeit.

Der Aufbau der Ethik könnte mit unscharfer Logik erfolgen.

Der Architekt segnet das Räumliche.

Der bekannteste Rutengänger
ist der Krampus.

Der Bericht über den New Yorker
Marathon war weitläufig.

Der Besuch eines Nachtlokals
war an der Tagesordnung.

Der biblische Archetyp heißt Noah.

Der Dieb hatte alles im Griff.

Der eben Gefesselte war kurz angebunden.

Der Egoist ist ein Mensch,
der viel mehr Interesse für sich, als für mich hat.

Der erste Eindruck ist leider auch oft der letzte.

Der Eunuch bleibt gelassen,
weil er nichts zu verbergen hat.

Der Fehler eines Geodäten ist Vermessenheit.

Der Galgen wurde ihm zum Verhängnis.

Der Geharnischte ritt
rostig fürbass.

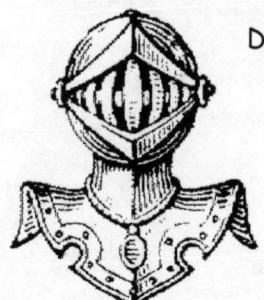

Der Judoka hat seine
Gegner im Griff.

Der Gefangenenchor in Beethovens Fidelio heißt Sing Sing.

Der Häftling entkam wegen
eines Flüchtigkeitsfehlers.

Der Hahn
zur Henne:
Kikeriki ist
nicht auf
deinem Mist
gewachsen.

Der Hautarzt behandelt auch Kerngesunde.

Der Himmel fällt dir auf den Kopf und du machst blau.

Der Kahlköpfige liebt haarsträubende Geschichten.

Der Kernphysiker kennt viele Kleinigkeiten.

Der Knecht hat niemals Recht.

Der k.o. gegangene Boxer wirkte niedergeschlagen.

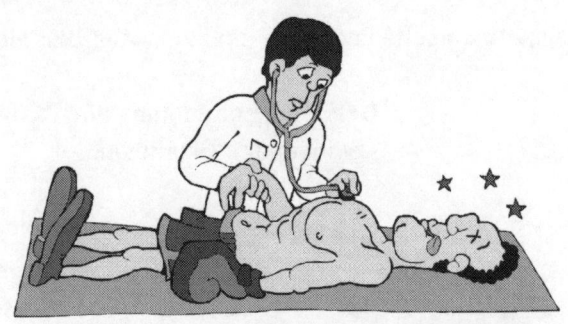

Der Künstler ist ein Nachahmungstäter Gottes.

Der Kuss als Anfang heißt Bevormundung.

Der Langfinger wurde kurzerhand ergriffen.

Der Laufpass ist das Reisedokument der Leichtathleten.

Der Lehrer konnte die Rechenarbeit
des Schülers nicht entziffern.

Der Lehrer zum Schüler: „Schade, dass ich aus deinen
Fehlern nicht klug werden kann."

Der Lippenstift hat ihr gemundet.

Der Luxuscoiffeur ist ein Kopfgeldjäger.

Der Maler ist selten im Bilde.

Der Masseur hinterließ einen starken Eindruck.

Dermatologen werden hautnah erlebt.

Dermatologische Probleme sind zum Aus-der-Haut-Fahren.

Der Moorboden kann ein
zwingender Grund sein.

Der Ophthalmologe liebäugelt
mit seinen Patientinnen.

Der Pianist drückt
auf alles, was ihm unter
die Finger kommt.

Der Playboy hat eine
ein- und ausschweifende Fantasie.

Der Politiker hat sich gute,
wenn auch nicht große Verdienste erworben.

Der Raufbold war einschlägig vorbestraft.

Der Redefluss ist oft schwierig zu überqueren.

Der Regen war wie aus den Wolken gefallen.

Der Solipsist hält sich für den Besten,
und für den Schlechtesten.

Der Spanner hat einen Beruf mit Perspektiven.

Der Stationsvorsteher erteilt
dem Zug eine Abfuhr.

Der Straßenbau wird
in die Wege geleitet.

Der Taucher geht der
Sache auf den Grund.

Der Tod ist eine
irreversible
molekulare
Umordnung.

Der Überholer war
ein Vorfahre.

Der Ultraschall wird in
den höchsten Tönen gelobt.

Der Urknall war der Weltaufgang.

Der Vater ist selten zuhause: Papa mobil.

Der Vater von zehn Kindern
hat Überzeugungsarbeit geleistet.

Der versteckte Verbrecher musste sich
mit seiner Auffindung abfinden.

Der Vortragende hat sich redlich bemüht,
aber hatte nichts Nennenswertes zu sagen.

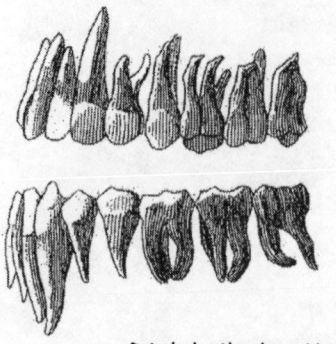

Der Zahnarzt lebt von
der Hand in den Mund,
auch kümmert er sich
um unseren Mundvorrat.

Dialektik des Menschenlebens:
These, Antithese, Prothese.

Dichten heißt für immer ein gutes Wort einlegen.

Die Abkürzung für „Frohe Ostern" ist „Frost".

Die Autostopperin wirkte mitgenommen.

Die Chaostheorie beschreibt viele Organisationen.

Die Daumenschrauben sind nicht von der Hand zu weisen.

Die Dinosaurier waren großartig.

Die Einstandsfeier findet meist vor der Hochzeit statt.

Die ersten in „pole position" waren
Peary (N) und Amundsen (S).

Die Exhibitionisten sehen hervorragend aus.

Die Feuerwehr unternimmt Spritztouren.

Die Finnen lassen sich gern
in den Schwitzkasten nehmen.

Die Frau eines Astronomen
sieht himmlisch aus.

Die Frau ohne Schatten
war gertenschlank.

Die Geburt bringt die
Kinder aus der Fassung.

Die größte Freude,
die manche Menschen bereiten,
ist die Gewissheit,
nicht mit ihnen verheiratet zu sein.

Die Hände in den Schoß zu legen
ist nicht immer erwünscht.

Die halbe Wahrheit ist eine Lüge.

Die Hunnen waren ziemlich einfallsreich.

Die Injektionsspritze sticht alle aus.

Die jüngste Kollegin in der Schule ist das Lehrmädchen.

Die Kleidergröße bei spiritistischen Sitzungen: Medium.

Die Karriere eines Boxers
haut meistens hin.

Die Kinder liefen
keineswegs kreuz und quer.

Die Kontrollbehörde fühlt
dem Bludruckmessgerät
auf den Puls.

Die längste Verbindung zwischen zwei Punkten
ist der Dienstweg.

Die Lebensgeschichte eines Fahrzeugs
nennt man Autobiographie.

Die Liebe im Freien ist Öffentlichkeitsarbeit.

Die Luftwaffe Australiens ist der Bumerang.

Die meisten Eingesperrten sitzen vorübergehend.

Die meisten tragen die Brille mit Fassung.

Die Memoiren eines Wiedergeborenen wären interessant.

Die Menschenhaltung erfolgt nicht
in jedem Altersheim artgerecht.

Die Mitmenschlichkeit von Haustieren ist erstaunlich.

Die Mücke war völlig aus der Luft gegriffen.

Die Nachhaltigkeit einer Beziehung
bedarf gewisser Vorhaltungen.

Die Nachricht von einem Kuss ging von Mund zu Mund.

Die Pendler hassen den Strick.

Die perfekte Lüge: Ich kann diesen Satz nicht vollenden.

Die Polargebiete lassen mich kalt.

Die Polizei hat mit den Verbrechern gemeinsam,
dass allen die Hände gebunden sind.

Diese Schweinereien gehen auf keine Kuhhaut.

Die Sonne ist der Drehbuchautor unseres Planetensystems.

Die Tour de France hat ihre Rädelsführer.

Die Uniform ist die Verkörperung der Begeisterung.

Die Verblichenen haben das Glück,
nicht immer älter zu werden.

Die Vorsehung ist nachsichtig, hoffentlich!

Die Waage dient zur Massenkundgebung.

Die Weltanschauung des Proktologen ist
vom zweiten Gesicht geprägt.

Die wichtigste Voraussetzung für Friedensliebe ist
Machtlosigkeit.

Die Wurzelbehandlung lernt man
im Mathematikunterricht.

Doppelt hält besser, meinte der Bigamist.

Dumm sein und Arbeit haben ist das gleiche,
sagte der unfleißige Beller.

Du vergibst dir nichts, wenn du dir vergibst.

Durch eine Leiter plumpsen ist ein Zwischenfall.

Durch Schaden wird man arm.

Dürfen Querdenker auch gegen den Strom schwimmen?

Ehe ich heirate, muss ich noch einiges erledigen.

Ehrgeizig und verschwenderisch passen nicht zusammen:
Er geizig und sie verschwenderisch

Ein afghanisches Wörterbuch nennt man Vokabularium.

Ein Agnostiker ist von allen guten Geistern verlassen.

Ein Bekannter ist jemand, von dem wir uns Geld leihen,
dem wir aber keines borgen.

Ein Chiromant erledigt
seine Arbeit im
Handumdrehen.

Ein Dermatologe rettet
nicht immer seine Haut.

Ein Dolch ist ein stichhaltiges Argument.

Ein Dreieck zum anderen: Das sieht dir ähnlich!

Ein Durstiger greift nach jedem Strohhalm.

Eine Aufbäumung ist oft besser als eine Abzweigung.

Eine bedeutende Persönlichkeit deutet ihre Größe nur an.

Eine Frau mit Liebhaber veruntreut ihren Gatten.

Eine Hellseherin kann auch schwarzsehen.

Eine Hetz' muss sein, sagte der Fuchs zu den Hunden.

Ein Elfmeter ist oft ein unhaltbarer Zustand.

Eine Näherin lässt niemand im Stich,
sie sollte auch nicht den Faden verlieren.

Eine Parallele kommt selten allein.

Eine Polizistin im Einsatz redet wenig.

Ein erfolgreicher Gestalter macht eine gute Figur.

Eine lange Rede macht zungenfertig.

Eine Laudatio kann lau und laut erfolgen.

Eine Spielwiese ist eine Liegenschaft,
wo man selten im Liegen schafft.

Eine überreife Liebe ist eine Wechselbeziehung.

Eine wichtige Lektüre ist die Weinlese.

Eine zündende Bemerkung brachte die Erleuchtung.

Ein Freier kann ungebunden sein und sich fesseln lassen.

Ein Fremdenführer soll die Fremden nicht verführen.

Ein Galgenstrick verkörpert Waghalsigkeit.

Ein guter Friseur schneidet haargenau.

Ein HNO-Arzt geht oft der Nase nach.

Einige Arzneien dulden keine Voreingenommenheit.

Einige bleiben auf ihren guten Noten sitzen.

Einige Leute bestehen nur aus Schönheitsfehlern.

Einige sind außerordentlich ordentlich,
andere ordentlich unordentlich.

Ein Kellner darf nicht unzureichend sein.

Ein Klaustrophober sucht das Weite.

Ein kranker Angehöriger hält dich gesund.

Ein langes Leben braucht viel Kurzweil.

Ein Lehrer fauler Schüler ist ein Immobilienverwalter.

Ein liederlicher Chor war zu hören.

Ein Materialist sieht die Spiritusflasche entgeistert an.

Ein mit einer Chinesin
verheirateter Fakir
isst mit zwei
langen Nägeln.

Ein Nachtwächter kann
ein Taglöhner sein.

Ein Nichtstuer sammelt
Trägheitskräfte.

Ein passender Vorname
für einen großen
einzelnen Gallenstein
wäre „Albert".

Ein polygonaler Typ
wirkt vielfach anstößig.

Ein Scharfschütze ist
ein trefflicher Mann.

Ein Schizophrener kennt keine Einzelhaft.

Einschlägig vorbestraft = hat nur eine Ohrfeige erhalten.

Ein schmales Dokument könnte einen Engpass bedeuten.

Ein schmales Grab ist ein Engpass zur Ewigkeit.

Einschränkung heißt in den Kasten sperren.

Ein schwerer Junge hat es nicht immer leicht.

Einsiedler soll man nicht aussiedeln.

Einsprüche sind wirksamer als lange Reden.

Ein Traum: All überall Himmel, und die Höllen sind leer.

Ein Untergebener darf sich nicht übernehmen.

Ein Verrückter wurde irregeführt.

Ein Zaunkönig ist nicht immer auf Draht.

Einzelunterricht ist nicht nur Einbildung.

Ein Rücktritt kann einen Fortschritt bedeuten.

Ein Vorsprung ist besser als ein Rückfall.

Eiterbeule = Drucksache.

„Elritze" kann man mit einem einzigen,
noch dazu beschädigten Buchstaben schreiben.

Ein Zusammenstoß zweier Züge
ist eine bahnbrechende Leistung.

Er ist durch Aussprüche in Anspruch genommen.

Er schlägt sein Bauchgrimmen in den Wind.

Er ernannte sich im Alter
zum ehemaligen Playboy.

Er hat nur seine
Verarmung erreicht

Endlose Fernsehserien sind
unsterblich.

Engelhaftigkeit ist nicht
allzu menschlich.

Erst Perikles wagte es,
Hetären zu periklitieren.

Er und seine Brille waren fassungslos.

Er zeigte linkisch seinen Berechtigungsschein.

Erziehung von gestern:
Ohrfeige ist nur ein Vorschlag.

Es gab alles in allem ein Eintopfgericht.

Es geht aufwärts, darum bin ich müde.

Es gibt auch dynamische Statisten.

Es gibt auch unbemannte Frauen.

Es gibt betagte Nachtschwärmer.

Es gibt hauptberufliche und
nebenberufliche Faulpelze.

Es gibt keine Dummköpfe,
nur alternativ Begabte.

Es gibt keine logische
Begründung der Logik.

Es gibt Menschen,
die unglücklich sind,
wenn sie es nicht sind.

Es gibt mutwillige
Feiglinge.

Es gibt
Zufluchtsstädte
für Schwarzgeld.

Es gibt qualvolle Qualifikationen.

Es gibt ungehobelte Tischler.

Es gibt untragbaren Leichtsinn.

Es ist eigenartig, wenn sich die Töchter versöhnen.

Es ist gut, wenn ein Bettnässer seine Schläfchen
ins Trockene bringt.

Es ist paradox, wenn eine Kuh einen Ochsen anstiert.

Es ist schwieriger etwas zu leisten,
als sich etwas zu leisten.

Es bleibt dir nur, was du verschenkst.

Es ist überheblich, wenn sich die Königin
einen Kaiserschnitt wünscht.

Eva nahm sich kein Blatt vor den Mund.

Ewigkeit ist eine Zeitfrage.

Existieren geistreiche
Schlösser?

Fallübungen unterstützen
den Grammatikunterricht.

Festnahme ist
nicht ganz dasselbe
wie enge Umarmung
(aber doch ergreifend).

Festtag im Krematorium: Aschermittwoch.

Findest du es befremdlich, einen Ausländer zu heiraten?

Finstere Gemüter soll man nicht behelligen.

Flugzeugführer:
Anflug ja,
aber nicht von
Höhenangst.

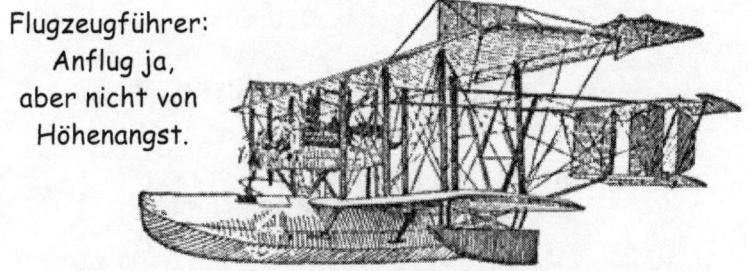

Fortschritt ist der Tausch eines Missstandes
gegen einen anderen.

Frauen haben das Recht, immer recht zu haben
(oder sie nehmen es sich).

Frauen sagen: Junge Männer sind zu schnell,
alte Männer zu langsam, in jeder Beziehung.

Frei gewordene Gefangene benehmen sich ausgelassen.

Frühlingspläne = die Ideen des März.

Fünfsinnlich ist der Mensch. Steht ihm der Sinn nach mehr,
holt Übersinn und Widersinn er her.

Für einen Germanisten ist
BB Bettina Brentano.

Für Frauenhandtaschen
braucht man
ein Inhaltsverzeichnis
und eine Landkarte.

Für manche ist Arbeit keine Lebensaufgabe,
sondern eine Notlösung.

Für viele Europäer ist „Italienisches Chaos"
ein Pleonasmus.

Ganz wenige indische Schiffe
geben sich der Versenkung hin.

Geborenwerden ist lebensgefährlich.

Gedankenfreiheit entlastet das Gehirn.

Geistesgegenwart ist vergänglich.

Gefängnisaufenthalte sind aussichtslos.

Geistlosigkeit steht nicht unter Naturschutz.

Gelangweilte Schüler sind einstimmig gegen Monotonie.

Gelegentlich blitzt eine Aufgedonnerte ab.

Gelegentlich hat man Appetit auf Unappetitliches.

Gegen Überfälle kann ein Unterstand helfen.

Gehe lieber schnurstracks zickzack.

Geht etwas schief, so muss jemand dafür gerade stehen.

Gerade herausgesagt, ich will es euch nicht krumm nehmen.

Geschlechtsumwandlung:
Der Mann wird vermisst (das kann erfräulich sein).

Gestrandet sein ist immer noch besser,
als schwimmen zu müssen.

Gib dich hin, aber gib dich nicht her.

Gibt der Dirigent oder der Komponist den Ton an?

Gibt es eine erquickende Verlangsamung des
Lebensrhythmus?

Gibt es erbauliche Gespräche unter Architekten?

Gibt es immer ein erstes Mal?
Fragte der Weltuntergang den Urknall.

Gibt es missing links in einem Rechtsstaat?

Gletscher und Eisberge werden bald verschollen sein.

Grauer Star wird augenblicklich diagnostiziert.

Grillparzer hat mehr mit den Parzen,
als mit den Grillen zu tun.

Grundbesitzer betreiben gelegentlich
Ursachenforschung.

Gutes Aussehen ist selten eine Alterserscheinung.

Haarspaltereien stören nicht die Frisur.

Handybegeisterte befinden sich in der ohralen Phase.

Hat der Wiener Kardinal Schönborn vielleicht
karibische Verwandte mit Namen Belafonte?

Hemden mit Aufschrift = Textilien.

Hingebungsvoll wurde die Einfuhrgenehmigung erteilt.

Hör dir jeden Rat an und befolge keinen,
auch diesen nicht!

Horizontalität ist die Grundlage des Denkens.

Humpeln kann auf Seitensprünge, Fehltritte oder
Zwischenfälle zurückgehen.

Hunde sind freie Geschäftsleute,
denn sie verrichten
oft ungehindert ihr
Geschäft in der Natur.

Ich denke nicht,
und bin trotzdem.

Ich mache gerne krumme Dinge, sagte der Bogen zum Pfeil.
Auch ich bin flexibel, antwortete der Pfeil.

Im Alter wird Addition zu Subtraktion.

Im Spital haben sie mich auseinander genommen!
Jetzt nimm dich zusammen!

In Allgemeinheiten zu schwelgen,
ist nichts Besonderes.

Im Großen und Ganzen
sind die Kinder klein
und halb so schlimm.

In den Schlagzeilen
sein heißt reihenweise
geprügelt werden.

In der Sahara kann sich
vieles im Sand verlaufen.

In der Steinzeit: „Der Taten sind genug gewechselt,
nun lasst uns endlich Worte sehen."

In der Warteschlange ist Vordringlichkeit fehl am Platz.

Indische ideale Torhüterin = Kali.

In einer Dreiecksbeziehung gibt es Winkelzüge.

In einer faulen Familie beginnt die Altersschwäche
bei der Geburt.

In Eintracht leben heißt, immer dieselbe Kleidung tragen.

In England steht Exzentrizität im Mittelpunkt.

In gewissen Ländern ist die einzige Veränderung
der Klimawandel.

Insider reden sich gut heraus.

Interesselosigkeit ist eine wenig interessante Erscheinung.

In vielen Fällen bedeutet persönlicher Fortschritt,
so lange im Kreis zu gehen,
bis man sich für den Mittelpunkt hält.

Ist alles Beträchtliche betrachtenswert?

Ist das Gegenteil von Innenausbau vielleicht Außeneinsturz?

Ist der Aufmarsch von Politikern ein Flaschenzug?

Ist der Fahrlehrer ein Autodidakt?

Ist „Koautor" die Kurzform von „komischer Autor"?

Ist Rehab die Abkürzung für Rechthaberei?

Jack the Ripper war Damenschneider.

Jeanne d'Arc war an der Rettung Frankreichs
brennend interessiert.

Jeder Baum hat
seinen Stammplatz.

Jeder Musiker kann
verstimmt sein.

Jedes Fußballmatch
ist voll von Anspielungen.

Jemand, der sich mit einer kleinen
Abfindung abfindet, ist schwer zu finden.

Johannes Kraut ist Psychotherapeut.

Kann auch die Schwiegermutter Mitgift sein?

Kartesische Illusion: Ich denke, dass ich bin.

Kartoffelgulasch war ein beliebtes Kriegsgericht.

Kein Abenteuer, nur ein teurer Abend war es.

Keine Frage, Unredlichkeit ist unsagbar verantwortungslos.

Keine Katze sollte vor
die Hunde gehen.

Keine Suppenschüssel ist unerschöpflich.

Kein Fechter ist unbestechlich.

„Kein Kommentar" ist ein Kommentar.

Kein Schneider ist maßlos glücklich
(nach meiner nicht unmaßgeblichen Meinung).

„Kein Zutritt für Unbefugte", also Männer unerwünscht
(in aller Bescheidenheit).

„Kein Zutritt zum Abtritt", stand am geschlossenen WC.

Kennst du die Bretter, die die Unterwelt bedeuten?

Kfz-Werbung benützt Autosuggestionen.

Kennst du die
beliebteste
Maßnahme beim
Oktoberfest?

Kleine Ursachen,
große Ministerpensionen.

Kleinwuchs hat nichts mit Unzulänglichkeit zu tun.

Köpfchen, lächelte der Enthauptete,
als ihm seine Begnadigung zu Ohren kam.

Körpergeruch hat Nebenwirkungen.

Komme was kommen mag! Das ist selten unbekömmlich.

Kompromisse ja, Kompromittierungen nein.

Kränkungen und Krankheiten soll man
nicht zu persönlich nehmen.

Kreieren oder krepieren, das ist keine Frage.

Kunst ist chronische Zeitlosigkeit,
Wissenschaft dauernde Vergänglichkeit.

Lässigkeit ist besser ohne Nachlässigkeit.

Lässt sich jedes Flugzeug auftreiben?

Läufer sind zielsichere Sportler.

Lamborghinifahrer sind Autokraten.

Leichenschmaus im Kannibalenhaus ist ein Graus.

Letzte Hilfe = Einsegnung.

Lieber Sokrates, woher weißt du, dass du nichts weißt?
(Dann weißt du doch etwas!)

Lieber unter die Arme greifen,
als auf den Arm nehmen.

Lügner brauchen ein gutes Gedächtnis.

Mach dir nichts daraus, sondern mach etwas daraus.

Manche anhänglichen Freunde sind unanständig.

Manche Gedichte sind voll von Ungereimtheiten.

Manche Gerichtsverfahren sind eine Einstellungssache.

Manche haben keinen Führerschein,
weil sie nicht einlenken können.

Manche Häuser haben eine vorwiegend
weibliche Belegschaft.

Manche halten sich dadurch über Wasser,
dass sie andere zum Tauchen bewegen.

Manche Länder sind für Hinrichtungen hergerichtet.

Manche leichte Mädchen beschweren sich.

Manche Nichtstuer sind
zu faul zum Müßiggang.

Mancher hasst
die Monarchie
dermaßen, dass er
sogar die Baumkronen
abschaffen möchte.

Mancher Lehrling ist ein
Meister der Geselligkeit.

Mancher Star ist keine Supernova,
sondern eher ein schwarzes Loch.

Mancher wird ein Held aus Langeweile.

Manche trainieren nur die Kaumuskeln.

Manches Lunchpaket ist ein Beißkorb.

Manche Tischgenossen legen
Auseinandersetzungen nahe.

Manche wollen müssen,
dürfen aber nicht.

Manches
Tierfutter
ist für die Katz.

Manchmal muss man ein Fernrohr unter die Lupe nehmen.

Manchmal entsteht aus einer Diskussion
eine Phänomenologie der Geistlosigkeit.

Manchmal ist es schamlos, die nackte Wahrheit zu sagen.

Man darf das Wichtiggenommenwerden
nicht so wichtig nehmen.

Man darf sich durch Tatsachen nicht entmutigen lassen.

Man darf sich nicht wegwerfend über Biomüll äußern.

Man harrt der Dinge, die da gehen werden.

Man ist geneigt zu sagen:
Kreuzfahrtschiff = Umkleidekabine.

Man ist nie zu alt, Novize zu werden.

Man ist so jung, wie man sich füllt,
vermutet der Weinkenner.

Man kann Menschen mit Stichworten
zum Schweigen bringen.

Man muss die Dinge sehen, wie sie scheinen.

Man muss nicht alles glauben, was man weiß.

Man soll den Tag nicht nach dem Morgen loben.

Man soll der Liebe Vorschub leisten.

Man soll nackte Menschen nicht bloß stellen.

Man soll sich mit dem Krieg
nicht zufrieden geben.

Man tut was man kann,
aber könnte noch mehr tun.

Mathematik ist Arbeitserleichterung,
Denkersparnis und Zeitgewinn.

Meine Freunde sind die Zahlen,
meine Zuflucht ist das Wort.
Damit will ich gar nicht prahlen,
das ist alles nur ein Sport.

Mein Verfassungsschutz sind
die Gesundheitsapostel.

Melancholie ist ein
Tiefdruckgebiet.

Memoiren eines
Facharztes =
Herzensangelegenheiten
eines Kardiologen.

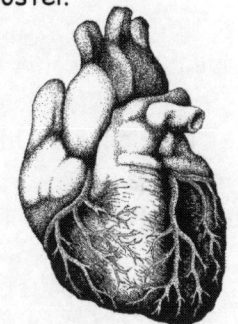

Metallarbeiter waren die Drahtzieher.

Mir geht es ums Ganze, sagte die Bruchzahl.

Misserfolg bedeutet Glück bei Unverheirateten.

Misstöne kreischender Mädchen waren zu hören.

Mit einigen Bürgern ist nicht viel Staat zu machen.

Mit zunehmendem Alter wird Geistesgegenwart
zu Entgeisterung.

Mit zunehmendem Alter wird die Realität immer wirklicher.

Möge mein Bestes euch zugutekommen.

Moral verweist auf dasjenige, was du tun sollst,
während der Machthaber das tut, was er will.

Motto des Weltspartags:
Diese Welt hätte ER sich sparen können.

Nach dem DNA Test: Habemus Papam.

Nach dem Verhör trennte man sich einvernehmlich.

Nachdenklich blieb er zwischenzeitlich Vorort.

Nach der Scheidung kann man wieder erledigt sein.

Nächstenliebe ist nicht nur Liebe für die Nächste.

Nachts fühlst du der Stille schönste Melodie.

Nahezu heißt fast geschlossen.

Nackt baden ist eine
Veröffentlichung
des Körpers.

Nicht alle Algebraiker
haben X-Beine.

Nicht alle Findigen
sind süchtig.

Nicht alle Gefangenen
nützen ihre Freiheit.

Neujahrsgruß eines Mathematikers:
Prosit 3 mal 11 mal 61
(= 2013).

Nicht alles Angesehene
ist ansehnlich
und umgekehrt.

Nicht alles was fliegt,
hat ein Spatzenhirn.

Nicht das Äußere,
die Äußerungen
charakterisieren
die Person.

Nicht jede Berührung ist anstößig.

Nicht jede Geschmacklosigkeit ist ruchlos.

Nicht jede Hütte ist ein Zeughaus.

Nicht jeder, der das Ziel verfehlt,
ist zu weit gegangen.

Nicht jeder Geistesblitz leuchtet ein.

Nicht jeder Schmarren ist kaiserlich.

Nicht jeder Speerwerfer ist ein Spitzensportler.

Nicht jeder Zielbewusste
ist zielsicher.

Nicht jede Sekretion
ist absonderlich.

Nicht jedes Kamel
ist ein Wüstling.

Nicht jedes moderne Bild fällt aus dem Rahmen.

Nicht nur Leichtathleten denken sprunghaft.

Nichtstuer und Tunichtgut zugleich?

Nichts versprechen können ist ein Versagen.

Niemand wird dadurch besser,
dass er andere schlecht macht.

Nietzsche in Ägypten: Gott ist Thot.

Nur wenige sind vom
Unverlierbaren besessen.

Nur wenige Skifahrer
haben ein Schneebrett
vor dem Kopf.

Nur wer vor allem das
Gute im Menschen sieht,
kann das Beste
aus ihm machen.

Oft ist der Horizont
die Grenze der Normalität.

Oft ist es klüger,
die Therapie einzustellen,
als den Patienten.

Ohne Hergabe keine Hingabe.

Ohne Kunst hätte die Menschheit
keine Existenzberechtigung.

Ohne Umstände kam sie
in andere Umstände.

Patienten werden von Pflegern heimgesucht.

Paul Celans letzte Worte:
Die Seine ist meine.

235

Pfandhaus? Bitte keine Geringschätzung.

Post scriptum = Nachricht vom Briefträger.

Potente Patienten
befinden sich im Krankenstand.

Raumfahrer schätzen das Überirdische.

Reißverschlüsse sind gelegentlich unzugänglich.

Richard Wagner hatte
die stärksten Motive
für Opernkompositionen.

Rückgrat sollst du zeigen,
vielleicht als Fragezeichen.

Sadomasochismus =
schlagende Verbindung.

Sagt der Tisch zum Sessel:
Stell dich nicht so an, als ob du verrückt wärst.

Sagt der dicke Mann zur zarten Frau:
Du bist ein leichtes Mädchen
und ich ein schwerer Junge.

Sagte die Meisterschwimmerin:
Na ja, ich bin eben eine Najade.

Sagt der Kuchen zur Torte:
Heute bin ich nicht in Form.

Sagte der Hund:
Was ich nicht weiß,
macht mich nicht beiß.

Schaulustige Ophthalmologen
sind die besten Augenzeugen.

Schäumt der Abschaum manchmal auf?

Scherzhaft bedeutet: Zum Spaß im Gefängnis.

Schild an einer Tierhandlung:
Hamsterkäufe bitte nicht nur in Krisensituationen.

Schirme sind Abwehrmechanismen.

Schneider machen Scherereien und sind anmaßend.

Schnellfahrer können voreilige
Organspender werden.

Schreiben heißt: Auf Gedanken warten.

Schwere Lasten sind auch ohne viel Aufhebens lästig.

Schwerfällige soll man nicht aufs Eis führen.

Sein primum mobile ist die Faulheit.

Selbst die Relativitätstheorie ist nichts Absolutes.

Selbst eine Schraube
kann vernagelt sein.

Selbst eine stumme Hebamme
kann Stillberatung anbieten.

Selbst ein Freiherr kann unter Zwangsvorstellungen leiden.

Selbst ein Senkfuß hat Aufstiegsmöglichkeiten.

Sesseltragen ist auch Stuhlgang.

Shakespeare in einer Nussschale: Ende gut, alles Blut.

Sich in Widersprüche verwickeln schützt nicht vor Kälte.

Sich selbst ernst zu nehmen ist nicht sehr lustig.

Sich verlaufen ist kein Vergehen.

Sie ist krankhaft gesundheitsbewusst.

Sie können sich aussuchen, wann Sie sich einfinden wollen.

Sie ließ ihn unverstanden sitzen.

Sie möchte sich durch ein gelungenes Passbild profilieren.

Sie zu ihm: Ich komme dir entgegen, komm zu mir.

Silvester bei den Sparbüchern: Prozent Neujahr!

Sind alle Rechtschaffenden rechtschaffen?

Sind Bedürfnislose unbedarft?

Sind Klubgebühren eine Vereinbarung?

Sind Makler makellos?

Sind Mathematikstudenten immer zurechnungsfähig?

Skeptiker, bezweifle dich selbst!

Soll man sich zufrieden geben ohne es zu sein? Jein!

So mancher laboriert an seiner Arbeit.

Sonnambulismus tritt nachts zutage.

Sonnenuhren ticken nicht richtig.

Spare in der Zeit,
dann gewöhnst du dich leichter an die Not.

Stalker = Nachfolger.

Suche deinen Gott und du wirst ihn finden.

Statt der Arbeit ist gut ruh'n.

Taschendiebe lieben Bürgernähe.

Taubenabwehr ist Gehörlosendiskriminierung.

Taucher werden rückfällig; das verleiht ihnen Auftrieb.

Theoretisch war er ein Praktikant, er tat aber nichts.

Tiefe Einblicke sind gerne gesehen.

Tiere guter Hoffnung sind beeinträchtigt.

Tornados haben eine Wirbelsäule.

Trinken wir den weichen Duft der Klangfarben.

Überfluss ist überflüssig.

Übergewicht wurde nicht in Erwägung gezogen.

Überheblichkeit bewirkt Rückenschmerzen.

Überlieferung ist zu viel des Guten.

Übermäßiger Alkoholkonsum ist keine Alliteration.

Über manche Behauptungen kann man
nur den Kopf schütteln.

Ungemach = verwahrlostes Zimmer.

Universelle Spaßmacherei ist Weltscherz.

Unlauterer Wettbewerb
ist oft leise.

Unsere Sonne ist kein
Jungstar mehr,
aber in den
besten Jahren.

Unter den Nichtssagenden
spricht für den Schweigsamen
seine Redlichkeit.

Unterlegene übergeben sich
häufiger als Überlegene.

Unvorsichtigerweise hat er die schlechten Aussichten
nicht berücksichtigt.

Vererbung ist das, woran man glaubt,
wenn man intelligente Kinder hat.

Vergreife dich nicht am Unbegreiflichen,
habe Mut zur Demut und
lass es auf dich wirken.

Verkalkung verleiht Charakterfestigkeit.

Verlaufe dich nicht in der Vergangenheit!

Verleger verlegen Bücher und Manuskripte.

Vermiete nicht dein Leben,
verschreibe und verschenke es!

Vermögen vermag nicht alles.

Versager müssen sich nicht alles versagen.

Verständnis und Verstand
gehen Hand in Hand.

Verzweiflung ist zweifellos das Letzte.

Viele Computer sind sehr ausdrucksfähig.

Viele Heißblütige gelten als cool.

Viele Jugendtorheiten begeht
man erst mit 70 Jahren.

Viele Ochsen wirken
ungeschlacht.

Viele Riesen sind kleinlich.

Viele Schützen
verderben das Blei.

Viele sind anderen im
Überlegen überlegen.

Viele sind gegen Spitzfindigkeiten
abgestumpft.

Viele Nachtschwärmer leben in den Tag hinein.

Viele sehnen sich nach Ansehnlichkeit.

Vielleicht ist das Universum ein großer Quark.

Vielleicht verlassen wir alle einmal
das Internat Erde.

Vorläufige Tendenz rückläufig.

Vorsichtig berücksichtigte der Knabe die Mädchen.

Vortrefflichkeit erzeugt Rückstoß.

Walkman ist ein Renner.

Was bevorzugen unsere Kinder,
Unterweisung oder Überweisung?

Was du heute kannst besorgen,
wird nicht so wichtig sein.

Was Hänschen nicht lernt,
braucht Hans nicht zu vergessen.

Was hat der Gärtner wieder ausgeheckt?

Was ist besser: Eintönigkeit oder Missklang?

Was ist Handeln anderes als ausgewähltes Geschehenlassen.

Wassersucht ist eine Wüstenerscheinung.

Was sucht wohl der Eunuch im Ersatzteillager?

Weihnacht ist besinnlich,
Silvester sinnlich.

Welche Tiere sind
bestens informiert?
Hirsche, weil sie
eingeweiht sind

Weltrevolution =
der Kosmos rotiert.

Wem das Wasser bis zum Hals steht,
der lege für niemand die Hand ins Feuer.

Wenige Bekannte zeigen sich erkenntlich.

Wenige imponieren ohne sich zu exponieren.

Wenig intelligenter Brief = Flaschenpost.

Wenn die Schüler meiner Meinung sind,
haben sie mich gewöhnlich missverstanden.

Wenn du alles unscharf siehst,
wirst du beim Optiker Augen machen!

Wenn er nicht nachtragend ist,
muss sie alles selber schleppen.

Wen schickt der Dentist zum Frisör?
Einen, der Haare auf den Zähnen hat.

Wer alles in Frage stellt,
muss viel Zeit haben.

Wer andern eine Grube gräbt,
ist selbst von der Stadtgemeinde.

Wer auf zu viel eingeht, geht ein.

Werbung für Zahnpflege nennt
man Mundpropaganda.

Wer immer strebend sich bemüht,
ist meistens müd.

Wer im Zelt eingeregnet wird,
möchte gerne sein Schläfchen ins Trockene bringen.

Wer die Hose voll hat,
soll sich nicht aufs
hohe Ross setzen.

Wer in zwei
Trinkstuben geht,
ist deswegen
noch kein Barbar.

Wer keine Fragen stellt,
ist selber verantwortlich.

Wer lebt gesünder, der Salatmarder
oder der Fleischwolf?

Wer rot sieht, trifft nicht ins Schwarze.

Wer übertreibt lässt sich treiben.

Wir werden schauen, ob wir uns sehen lassen können.

Wohltun tut vor allem dem Wohltuer wohl.

Wollmützen sind überhaupt nicht schlecht.

Zähler und Nenner sind Bruchstücke.

Zu Festen gehört Flüssiges.

Zu jedem Problem gibt es
eine nichtalkoholische Lösung.

246

Zum Geburtstag schenkte sie ihm ihre Aufmerksamkeit.

Zuhälter lassen einiges offen.

Zu jedem Schrecken das passende Wortspiel finden,
glaube mir, ist Lebenskunst.

Zuneigungen wirken vorbeugend.

Zurechnungsfähig = Kann addieren.

Zur geliebten Frau: Deine Seele ist eine offene Menge!

Zurückhaltung ist eine Art Vorbeugung.

Zur Verinnerlichung kann sich nicht jeder äußern.

Zur Zeit der
Dinosaurier machte
sich kein Mensch
Zukunftssorgen.

Zu viel Hingabe nimmt
ganz schön her.

Zwei frisch vermählte Schmetterlinge
verbringen ihre Flatterwochen.

Mit anderen Worten gesagt (Synonyme)

Abgang = VERENDERUNG.

ABSCHEUKLAPPEN schützen vor Ekel.

Adams Stammlokal = BARADIES.

AFRODITE = schwarze Liebesgöttin.

AHNENKULT ist die Verehrung von Vermutungen.

Allein in der Sonne = ISOLARIUM.

Allradantrieb = 4WÄRTS.

Als Saigon noch eine sehr kleine Stadt war,
hieß sie BONSAIGON.

Alte Donau = das PENSIONISCHE Meer.

Am Bein der Kaiserin = SISSIFUSS.

AMORPHIUM = Liebe macht süchtig.

ANSTOSSERREGER = Lehrer.

ARTGENOSSEN = befreundete Künstler.

Asiatischer Abstellplatz = PARKISTAN.

Astronautenkrankheit = RAUMATISMUS.

Auf einer HALBWELTREISE treffen sich nicht die Besten.

Auf Mailands hellen Straßen ballt sich der Mode Ruhm – schön über alle Maßen, ARMANI PADME HUM.

Aufs Glatteis führen ist ein bekanntes GLEITMOTIV.

Ausbildner = GLEICHSCHRITTMACHER.

Ausschreitungen in Südspanien = RANDALUSIERUNGEN.

Aussichtslos = hat einen INTERIORITÄTSKOMPLEX.

Auszeichnung für beste Rätsellöser = KNOBELPREIS.

Außergewöhnlich duldsam = TOLLERANT.

AUTOCAFE = Macdonald brennt.

AZTEKISTAN = alter Name Mexikos.

Baltisches Heimweh = NORDOSTALGIE.

Batterieschaden = AKKUPUNKTUR.

Bauchtätowierung = LEBERZIERROSE.

BEFREIWILLIGUNG = Abschaffung des Zwangs.

BEGÄRE nicht alle Trauben!

BEGEGNER sind Feinde auf der Straße.

Belustigter Erlöser = LACHSALVATOR.

Beruhigungsmittel für große Meerestiere = WALIUM.

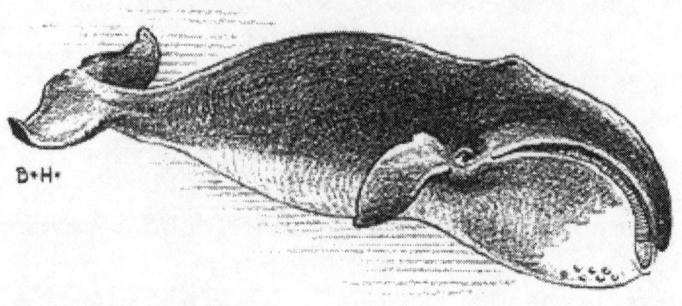

Beschädigung eines indischen
Palasts = SABOTAJ MAHAL.

Betagter HEILMITTELMANN =
OPATHEKER.

Biblisches Erfrischungsgetränk =
SODA MIT GOMORRHA.

Bilderreiche Reisebroschüre =
ANALFABAEDEKER.

BLAUE LEVITEN = anderer Name für Jeans.

Blaues Mäntelchen = KONDOM BLEU.

Böswillige bezeichnen Journalisten als LITERATTEN.

BRIOTOP = Schulhof.

Bruchrechnung = HERNIALKALKÜL.

Buchhalter = BILANZKNECHT.

C4 = milder Wind.

CHAOSMOSE =
ein Sauhaufen wirkt ansteckend.

Chatten = INTERNETTIG-
KEITEN austauschen.

Chinesische Geliebte =
LI BI DO.

COGITO, ERGO KONSUM =
Ich denke, also esse ich.

DÄDALUST =
Spaß im Labyrinth.

Damenrunde = VERBATEAM.

Das DIABOLOID entsteht durch
satanische Rotation.

Das Finanzamt misshandeln =
FISKALPIEREN.

Das gesündeste Gift = HUMORPHIUM.

Das Gewissen = UMWEGWEISER.

Das Kindlein in Lumpen = ARMHERZIG.

Das Schweigen der Keime = SCROTIUM.

Das Unerwartete tritt spät ein = ÜBERLANGSAMUNG.

Das VITALFABET ist doppelt verschraubt.

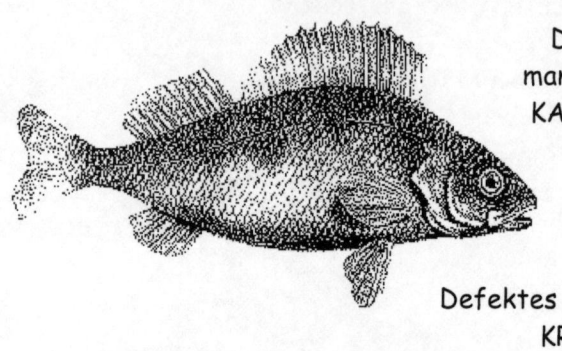

Das Winseln
mancher Fische =
KABELJAULEN.

Defektes Geldausgabegerät =
KRANKOMAT.

DELYSIUM =enttäuschendes Eden.

Demeters Bekannter war ein NEBENBULLER.

DEMINENT = halb verblödete berühmte Person.

Den Kaffee ausschütten und zu bezahlen vergessen =
PARKHEIMER.

DEPRESSIONISMUS = traurige Kunstrichtung.

Der ausgetrocknete Redefluss nennt sich SPRACHLEERE.

Der beschwipste Schnarcher hat ein GERÄUSCHERL.

Der Brand ist gelöscht = FEUERABEND.

Der Brave hat sein Leben weder verspielt noch
VERSCHÄNKT.

Der IKARUSSE = Juri Gagarin.

Der KAMMERSCHAUSPIELER
macht auf kleinstem Raum Theater.

Der Kicker PEDIPULIERT den Ball.

Der KOMPOSTBOTE entsorgt den Biomüll.

Der KRISENSTAB = Schlagstock.

Der Künstler Gruß = MALZEIT.

Der Müller Gruß = MAHLZEIT.

Der Mathematiklehrer ist auch ein ZAHLENBERGFÜHRER.

Der ONOMANIERISMUS sucht zierliche Namen
(ROKOKOSENAMEN).

Der Philosoph ist ein ARGUMENTALIST.

Der Priester hat das SEELSORGERECHT.

Der Wald = BAMBIENTE.

Der Zahnarzt ist ein MUNDWERKMEISTER.

Des Müllers Muse = MEHLPOMENE.

Des Teufels Urlaub = LUZIFERIEN.

DIABOLIGARCHIE
bilden einige böse Herrscher zusammen.

DIABOLITIK = mephistophelische Staatsgestaltung.

Diagnosezentrum = ULTRASCHALLABURG.

Die Alten quatschen zu viel = SENIORALITÄT.

Die Chinesen sind POLYTEEISTEN.

Die große Welt von Kopenhagen = MONDÄNEMARK.

Die höchste Auszeichnung für Tischler = HOBELPREIS.

Die Klugen in der Firma = VERSTANDABTEILUNG.

Die Kunst geht aufs Ganze: ARS PRO TOTO.

Die landesübliche Konsumtion = VERBRAUCHTUM.

Die Messung einer kurzen Lebenserwartung
heißt AGONIOMETRIE.

Die NACHBAR = Lokal nebenan.

DIOGENIAL = einfach großartig.

Die Schnapsflasche unter dem Kopfkissen ist ein
POLSTERGEIST.

Die Tätigkeit des Landwirtschaftsministers
ist ÄHRENAMTLICH.

Die Vereinten Nationen bieten
ÜBERLEBENSQUALITÄT.

Die neue Leuchtkörperlehre = NEONTOLOGIE.

Die Schwester der Antigone hieß Ismene
und nicht PROGONE.

Die Treffsicherheit des Schützen war GEWEHRLEISTET.

Die WIENOTHEK enthält Köstlichkeiten aus
Österreichs Hauptstadt.

DILETONKEL sind fachunkundige Herren.

Diplomatenakademie = SCHULE DER BEILÄUFIGKEIT.

Don Juan machte GUTE MINNE zum bösen Spiel.

Dreidimensionale Gedichte = RAUMLYRIK.

Drei Seeräuber = TRIUMPIRAT.

Du darfst die Liebsten nicht verjagen,
ALLEINSAMKEIT wird schwer ertragen.

Dumme Behauptung = THESELEI.

DÜNNASTIE = Sippe von Überschlanken.

Edle Vorspeise = DÜNKELBROT.

EDV = effiziente Damenvermittlung.

Ein ADVERBALIST macht viele Umstände zu Wörtern.

Ein AKTIEFSTAPLER verheimlicht seine Tätigkeiten.

Ein alles besser wissender Freund heißt in Wien
RECHTHABERER.

Ein AUSWEICHLING tritt ängstlich zur Seite.

Ein bisschen Brot = MINIMAHL.

Ein Dauerläufer neigt zur AUFENTHALTSAMKEIT.

Ein dich enttäuschender Freund = ANTICLIMAXL.

Eine ENTSÄTZLICHE Sprache
enthält nur Einzelwörter.

Eine Folge von Einzelfrequenzen = ATOMALE MUSIK.

Eine GIRLANDSCHAFT
hawaiianischer Vokale ist ein Traum.

Eine INSZÄHNIERUNG kann ein Implantat sein.

Eine lebenslängliche Gefängnisstrafe ist DAUERHAFT.

Eine löchrige Bergstraße hinunter = EMMENTALFAHRT.

Einen Roman schreiben ist ein SEITENSPIEL.

Eine REGIERIGE Partei strebt
nach der Macht im Lande.

Eine Scheinfolklore = VOLKSDÜMMLICH.

Eine schnelle wichtige Nachricht an den Papst
geht per PONTIFAX MAXIMUS.

Eine SPEKULATIVE Essenszubereitung ist fettreich.

Eine Stadt für sich = PER-SE-POLIS.

Eine vollschlanke Japanologin = ZENDRALLE.

Einfältiger Weltreisender = GLOBETROTTEL.

Ein falscher Betrag =
VERWECHSELGELD.

Ein fetter Briefträger =
ADIPOSTBOTE.

Ein Gasthaus übernehmen
SELBSTVERWIRTLICHUNG.

Ein guter Fußballer hat
ZEHENSPITZENGEFÜHL.

Ein HIPPOCHONDER glaubt
immer, sein Pferd sei krank.

Ein HINTERGRUNDLEGENDER Mitarbeiter.

Ein idealer Himmel besteht aus
den EWIGEN MAGDGRÜNDEN.

Ein Inder betet in Anatolien = OSMANI PADME HUM.

Ein kleiner Außenseiter = EINZELMÄNNCHEN.

Ein kurzer begeisternder Spruch = EUPHORISMUS.

Ein langhaariger Jüngling wirkt MÄHNLICH.

Ein LAPPALINDROM besteht aus
lauter gleichen Buchstaben.

Ein leerer Tank beeinflusst die WILLFÄHRIGKEIT.

Ein Lied geht um die Welt = SONGAMBULISMUS.

Ein LINEARIER denkt eindimensional.

 Ein MÄDIATOR
vermittelt,
wenn Girls
streiten.

Ein Lobbyist ist ein LUBRIKANT.

Ein Monarchist kann an ZEPTOMANIE leiden.

Ein PATTOLOGE spielt
meistens remis.

Ein plötzlich Leidender =
SPONTANTALUS.

Ein RAHMENABKOMMEN
führt bei Malern zu Holzersparnis.

Ein riesiger Speisesaal der Uni = IMMENSA.

Ein SATIERIKER verspottet das liebe Vieh.

Ein SAVANDALE verwüstet die Baumsteppe.

Ein TERRORALIST schreit und droht.

Ein VERZICHTHYOPHAGE isst keine Fische.

Ein ZELEREBRANT liest schnell die Messe.

Einzelgänger = ASOZIALARBEITER.

Ein ZERRDENKER grübelt zu viel.

Elastisches Schweinchen =
SPANNFERKEL.

EMEERSION = Auftauchen aus dem Ozean.

Empfohlene Formulierung = VORSCHLAGZEILEN.

Endgültiger Zynismus = SARGASMUS.

ENTSORGFÄLTIGKEIT = vorsichtig wegwerfen.

Er amputiert = KÖRPERTEILNEHMER.

Er fasst sagenhaft zusammen = SYNTHESEUS.

Erinnerungen eines Gebärdendarstellers =
MIMOIREN.

Er ist verrückt nach ihr = WAHNSINNLICH.

Er jätet Unkraut = EXPLANTOLOGE.

Er liebt die Sprachen = GLOSSOVIEL.

Erster Mathematiker = NEANDERTHALES.

Es gibt auch VERHEERLICHTE Länder.

Er richtet die Wohnung ein = MOBILIARIUS.

Es gibt LÄUTSELIGE Glöckner.

ESSTIVAL = Festschmaus.

Exquisites Nachtlokal = WUNDERBAR.

Es sang ein TRIUMVIERENDES Quartett.

EVAPORIERT ist die „First Lady" im Paradies, als es ihr zu heiß wurde.

Fachmann für eine Drüse = HYPOPHYSIKER.

FAGÖTTER = Holzbläser.

Fährt sein Auto kaputt = SCHROTTMACHER.

FAHNENFLUCHT = Der Betrunkene zieht sich zurück.

FATALFAHRT = tödliches Hinunterrasen.

FELIXIER = Lieblingsgetränk.

Fernsehsprecher in Peking =
TELECHINESE.

FERRATA =
eiserne Irrtümer.

Fesche Polizistin =
COPMODEL.

FESTNETZ = straff
gespannte Hängematte.

FINÄSSE = geringe Feuchtigkeit.

FINDELWÖRTER in der duftenden Dämmerung =
MOBILKLO.

Findet sich im Dunklen gut zurecht = BLINDGÄNGER.

Fischender Apostel = PETRIHEILIGER.

Flaches Hinterteil = POEBENE.

FLORALIEN = fremde Pflanzen auf der Zunge.

FÖTALISMUS = Schwangerschaft ist Schicksal.

Fortpflanzer = EVOLUZZER.

Fresssack = VIELISSTER.

Freudenhaus = GESTATTUNGSUNTERNEHMEN.

Friseurkunst = HAARMONIELEHRE.

Fröhlicher Mensch = JUBELIER.

FROHNETISCH = heftig heiter.

Frühere Sportart = SICHEL- UND HAMMERWERFEN.

Für das MAKROSKOP ist Größe eine Kleinigkeit.

Für das, was man anderen sagen darf, gelten
MITTEILBARKEITSREGELN.

GALANTIQUITÄT = Handkuss.

GEDANKENLESEGERÄT: Neueste Erfindung.

Geeignet für lange Strecken = KLOBUS.

Gefräßiges Kind = MOLÖCHLEIN.

Gegenseitige Beschimpfung = SPRACHBOXEN.

Gegenwärtige Rassendiskriminierung = APARTHEUT.

Gehorchen bringt Glück = ERFOLGSAMKEIT.

Gelangweilte Klasse = PENNKLUB.

Geldausgabestelle = BANKNOTENPUNKT.

Geld einsammeln = VEREINBAREN.

Gelegentlich zerstreut =
DIASPORADISCH.

GEREDLICHKEIT =
es wird behauptet,
er sei anständig, aber ....

Gesanglehrer = STIMMBÄNDIGER.

Gespielinnen des Imkers sind die
KONKUBIENEN.

Gewisse Firmen bieten
ABLEBENSQUALITÄT.

GIERIATRIE wird von
teuren Ärzten praktiziert.

Gier nach Leichtmetall = ALUFOLIE.

Gläubige Zahnärzte sind
TRANSZENDENTISTEN.

Glück aus der Schachtel =
PILLUSION.

GLOBOTOMIE =
die Erde
zerschneiden.

Glücklicher Zwitter =
HERMAFROHDIT.

265

GOOGLEHUPF = Einschalten der Suchmaschine.

Graduierter Hafenarbeiter = DOCKTOR.

Großer Hörsaal für Schweine = SAULA MAGNA.

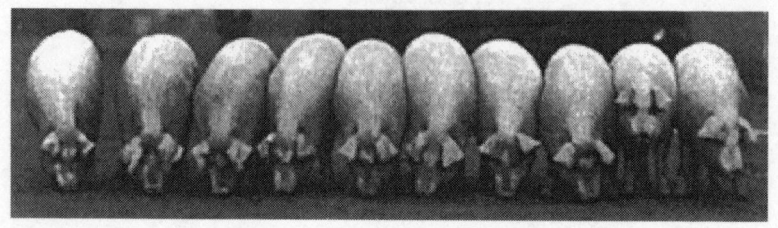

Halbherzig drängen = DEMIURGIEREN.

Heiratsvermittler = BEGATTUNGSUNTERNEHMEN.

Herzlicher Zieharmonikaspieler = AKKORDIALIST.

HIEROSKOPIE = das Sehen des Naheliegenden.

Hingabe = GESCHENKEL.

Historiker = ÜBERLIEFERANT.

Höckertier, das die Farbe wechselt = KAMELEON.

Hofbühne = THEATRIUM.

HONORARITÄT = seltene Bezahlung.

Horoskop enthält auch WIDDERSPRÜCHE.

HÜLLEMORPHISMUS = Lehre von den Kleidungsformen.

Hundezwinger =
WAUWAUDITORIUM.

ICARITAS =
fliegende Betreuung.

Ich kann mich nicht
ENTSCHREIBEN.

Idyllische Milchwirtschaft = BIEDERMEIEREI.

IKARUSSE = Juri Gagarin.

Immer hinter dem anderen Geschlecht her =
LEBENSLÄUFIG.

Immer unrasiert = BEHAARLICH.

Immer weniger Priester = PFARRERFLUCHT.

Im Prater zappeln = LUNAPARKINSON.

In der CARWOCHE finden viele Autoreisen statt.

In der Früh tanze ich gerne MORGENLÄNDLER.

In der Schweiz heißt der Humanismus vermutlich
HUMANISMÜSLI.

Indische Filmdiven = MAYADEN.

INDOTTERINIEREN = das Eiklar entfernen.

In einer Krankheit zuhause = ALZHEIMAT.

In jeder Tonne Leid steckt
ein Atom ERLEBENSFREUDE.

INTEGRALSERZÄHLUNG =
Unterricht in höherer Mathematik.

Intellektueller Snob = ZEREBRALHANS.

Interpretation antiker Texte =
HERMENALTIK.

Interessante Zusammensetzungen ergeben
ÜBERHAUPTWÖRTER.

Intervall zwischen Erscheinungen =
PHÄNOMENOPAUSE.

IRRONIE =
verrückter Spott.

Isst nur Speck =
FETTISCHIST.

Jahresabrechnung
des Hauseigentümers =
MIETOLOGIE.

Japanische Pilotin = KAMIKATZE.

Jeans nennt man auch die BLAUEN LEVITEN.

Jede feste Beziehung kennt HIEB- UND STICHWORTE.

Jeder beratende Apotheker ist ein MEDIKAMENTOR.

Jeder DESSERTEUR liebt Nachspeisen.

Jockeys sind NACHTRABEND.

Jubiläumsessen = DENKMAHL.

KAMPFETAMINE steigern die Kriegslust.

Kann ein schäbig gekleideter Redner
den FADENSCHEIN verlieren?

Karate ist ein HANDSCHLAGWORT.

Kasperl mit Perücke = HAARLEKIN.

Kastration bedeutet eine
TIEFGREIFENDE VERÄNDERUNG.

KAUDITORIUM = Mensa.

KIMONOGRAPHIE =
Schrift auf japanischem Kleidungsstück.

KINI = nullteiliger Badeanzug.

Kiplings Mowgli war ein NATURSCHÜTZLING.

Kleiderfreude = ADRETTALIN.

Kleine Unsicherheit = SCHWANKERL.

KLEINMAL ist keinmal,
glaubt der Wiedertäufer.

KLOBALE ERWÄRMUNG = Toilettenheizung.

Kommunikationsfreudig und rücksichtsvoll =
KONTAKTVOLL.

Knigge für Gespenster = SKELETTIKETTE.

KOMPROMISSION = heikler Auftrag.

KOMPROMIST =
fauler Vergleich.

KONFERRENZ =
Ansammlung von
(altem) Eisen.

Königsinseln =
MONARCHIPEL.

KONGNOMERAT =
Durcheinander von Kobolden.

Konstipation = EINSTUHLUNG.

Konsulent = ANSCHALTBARER HIRNFORTSATZ.

Kosmetiker = MARQUIS DE FASSADE.

Krankheiten am Geruch erkennen = hat eine DIAGNASE.

Krankheit vieler Autofahrer = GESCHWINDSUCHT.

Kritiker behaupten, der Mensch sei ein
EVOLUTIONSFEHLER.

Kritzelt auf der Reise = KARIKATOURIST.

Künstliche Keimdrüsen = EPIGONADEN.

LABIABIL = kann den Mund nicht halten.

Landkarten dienen in Europa zur
OKZIDENTIERUNGSHILFE.

Landschloss = STATUSKULUM.

Langweilige Verpflichtung = CHLOROFORMALITÄT.

LAPIDARIUM = Rugbymannschaft.

LEBENSWANDERN = nicht zur Ruhe kommen.

LEERMEISTER = Abfallentsorger.

LEERPLAN = Lehrer und Schüler
wählen gemeinsam den Unterrichtsstoff.

LEGUANAKO = Kletterlama.

Lehre von, und Liebe zu den Formlosigkeiten =
AMORPHOLOGIE.

Leiden alte Heilige an KLEMENZ?

LEISTENBRUCHZAHLEN sind ganze Zahlen.

Leitende Position = MACHTRAUSCHGIFT.

Liebe an der Hochschule = UNISEX.

Liebe macht süchtig = AMORPHIUM.

LIEBESBEREITSCHAFTSDIENST am Tag der offenen Tür.

Lieblingssuchtmittel der Frauen = SHOPIUM.

Linienrichter = OUTIST.

LINSENWEISHEIT = Fototipp.

Literatur = BUCHSTABENTEUER.

Literaturbegeisterung = TEXTASE.

LITURGIEREN = sich in die Kirche drängen.

LOBELEIEN = Schmeichelreden.

London: Behutsamkeit und
REGENSCHIRMHERRSCHAFT.

Lustige Reise = FRIVOHLFAHRT.

Mafioso = UNTERWELTBÜRGER.

MAGISTRATEGIE =
wir verzögern solange, bis es für dich zu spät ist.

MAKROWELLE = Tsunami.

Manche Gedichte sind KataSTROPHEN.

Manche Menschen sind POLYLATERAL
das heißt vielseitig.

Mancher Trickreiche ist ein FINTENFASS.

Manche Schwiegereltern sind
QUALVERWANDTSCHAFTEN.

MANIFESTSPIELE =
feierliche Grundsatzerklärungen.

Männlichkeit = GEBÄRVATER.

MEHREMIT = Klosterbruder.

Mehrhalsige Harnflasche = PLURINAL.

Mehr und mehr verzerrt = GROTESKALATION.

MEIDGENOSSEN = falsche Freunde.

Mein ANTIGÄNGER ist in jeder Beziehung mein Gegenteil.

MENEDECKEL = Deckplatte eines Druckkochtopfes.

MESODANUBIEN = Land zwischen zwei Donauarmen.

Mexikanischer
Landsitz =
KAKTUSKULUM.

Mieses Chanson =
NIEGELUNGENLIED.

Minotaurus =
LABYRINDVIEH.

Milchtrinkstube =
MILLIBAR.

MIGRATIONSVORDERGRUND findet sich bei
Auswanderern.

Ministerielle Luft = ADMINISTRATOSPHÄRE.

MISSERFOLG = eine Freundin finden.

MISSGUNST = das Fräulein ist geneigt.

MISSIONARRISCH = versucht alle zu bekehren.

Mit den Füßen denken = PODOLOGIK.

Mittel gegen Schüchternheit = FRONTALAN.

Modernes Gefängnis = ZELLNESS HOTEL.

MONGOLIATH = Steppenriese.

MONOGAMBIT = vorteilhafter Verzicht auf Abwechslung.

Morallehre = GEWISSENSCHAFT.

MORALLYE = Ethikertagung.

MÜLLKOMPRESSEN verkleinern den Abfall.

Munition zur Selbstverteidigung =
SCHUTZPATRONEN.

Murli auf Rollbrett = SKATER.

Muse der Druckfehler = ERRATO.

Muse = GEISTESKINDERMÄDCHEN.

Musikverwalter = AKUSTOS.

Nach der Komödie der LACHMUSKELKATER.

Nahrung in der Fastenzeit = ASKÄSEBROT.

Namenlose Nixe = ANONYMPHE.

Namenloser Gallo-Römer: NOMENIX.

Narrenkappe = EMBLEM VON PLEMBLEM.

NEOLOGISTIK =
mathematische Neubildungslehre.

Nepal (Himalaya), Mongolei (Steppe), Somalia (Piraten)
sind sogenannte EINWORTLÄNDER.

NESTABLISHMENT = Hotel Mama.

NEUPHORIE = Entdeckungsfreude.

NEUROPÄER = moderner Bürger der Alten Welt.

Nimmt die Ethik nicht ernst = HUMORALIST.

NOMINÖS = schon auf Grund des Namens verdächtig.

Notarzt = ERSTEHILFSARBEITER.

Nur für Heimspiele = die HAUSROCKGRUPPE.

Nur vom Sofa zum Tisch und zurück =
KURZSTRECKENGEHER.

OBLIGATTIN = unentbehrliche Ehefrau.

Obst und Gemüse = IMMUNITION.

Österreich = PENSIONIEN.

Ohne Brille in SEHNOT.

OI JÄGERL, seufzte der ertappte Wilderer.

Olympiade ist WETTEIFERSUCHT.

Das Auto der Mutter des Papstes = OMAMOBIL.

ORFelia = die Prinzessin
des österreichischen Rundfunks.

PANDORAL ist ein UNHEILMITTEL.

Papa ist da! Kann eine VATER MORGANA sein.

PERLMUTATION = eine Halskette umordnen.

Pflegst du die Kultur der KULTUHREN?.

Picasso war ein VIELFALTSPINSEL.

PFLICHTHYOLOGIE =
Ethik für Fische.

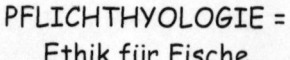

Plagiator =
SCHRIFTSTEHLER.

PLAUDATIO = lobendes Gespräch.

PLUREMIT = Wohngemeinschaftler.

POLYFEMINE = die vielen Frauen eines Zyklopen.

Porto zahlt der Empfänger = FREIBRIEF.

PRÄNOMINIEREN = einen Vornamen geben.

PREDIGIEREN = Ansprachen eifrig überarbeiten.

Promis beschauen = STERNSCHNUPPERN.

Prophylaxe = MINUS ERSTE HILFE.

Psychogenes Haarwuchsmittel = GLATZEBO.

PUBERTÄTLICHKEIT = Gewaltakt Jugendlicher.

PYTHAGORILLA = unförmiger Mathematiker.

PUTTENSCHNITZEL =
engelhafte Speise.

Querfeldein traben = MATERIEWELLENREITEN.

Rasend irr = SCHIZOPHRENETISCH.

RAUMVERTREIB = Erwerb von Gegenständen.

REDOZIEREN heißt
eine unveränderte Vorlesung halten.

Religionsstifter sind TRANSGENIAL.

REHTORIK = Redekunst der Waldtiere.

Reicher Bohrmeister = ÖLIGARCH.

Reisebücher = ITERATUR.

Reise zu dem Einzelherrscher = DIKTATOUR.

REMINNESZENZ = Liebeserinnerung.

REUGIERIG = macht sich gerne Vorwürfe.

RINNSAAL = großes Pissoir.

Rothaariges Mädchen = RUBIENE.

ROUTINNEF ist der übliche Schund.

Rundfahrt durch Indianergebiete = MANITOUR.

Runen im Wald = ASTSCHRIFT.

Sachtexte = UTILITERATUR.

SAMARHYTHMUS = Hilfe mit Schwung.

SAMARITTER = edle Helfer.

Sammelverwahrung = MASSENHAFT.

SATANLAGE = die Stellung des Teufels.

SATOURIERTE Urlauber wurden viel herumgefahren.

SATRAPPER = persischer Fallensteller.

SCHAFWOLLUST ist des Widders Freude.

SCHEUSAAL = Dienstzimmer eines Vorgesetzten.

Schiebt jede Arbeit ab = DELEGIERIG.

Schlafwandelnder
Stier
= SONNAMBULLE.

Schlemmerlokal =
EPIKURSALON.

Schlanke Spaziergängerin =
WANDERDÜNNE.

SCHMAROTZNASE = frecher Ausnützer.

Schmatzende Base = KUSSINE.

Schöner Printout = AUSDRUCKSKUNST.

Schönheit nach Maß = KOSMETRIK.

Schutzheiliger der Verdauung =
ST. PANKREATIUS.

Schwäche für Kinder = PÄDERASTHENIE.

Schweizer Pensionistenklub = GRAUBÜNDNIS.

Schweinchen mit der Sense schlachten = PIGMÄHEN.

Schwere Sprachlehre = KILOGRAMMATIK.

Schwimmlehrer = HYDROGOGE.

Scrabble ist ein LIBRETTSPIEL.

SEELENVISITATION = Befragung.

SEEMATOLOGIE = WASSERZEICHENLEHRE.

Sehr beschäftigtes Orchester = VIELHAR-MONIKER.

Sein Mundwerk gleicht einer DAMASZÄHNER Klinge.

Selbst das ERFÜLLHORN wird schließlich leer.

Selbstgefällig = EIGENSINNLICH.

Seltsames Nachtlokal = SONDERBAR.

Siegfried starb nicht an NIBELUNGENENTZÜNDUNG.

SILBIA heißt des Dichters Tochter.

Silvestergruß zweier Geschäftsleute = PROFIT NEUJAHR!

Skiasse sind leicht bewegliche SPONSORENMOSAIKE.

Sofakleber haben OTTOMANIE.

Sonnenbrand = BRONZITIS.

SPÄHLEOLOGIE = nach Höhlen Ausschau halten.

SPÄHZIALITÄT = Suche nach dem Besonderen.

Spaß im Hörsaal = GAUDITORIUM.

Speerschleuderer haben sich etwas vorzuwerfen.

Spiritistische Sitzung = DÄMONSTRATION.

Sportklub der Schweigsamen = TACITURNVEREIN.

SPRACHSÜCHTIGE Fallensteller
wohnen in einen Brockhaus.

Staatsbankett = PRESTIGELEIN DECK DICH.

Stadtgespräch = URBANALITÄTEN.

Stadt mit Äckern = AGROPOLIS.

STALAGMIETEN = Der Zins steigt und steigt.

STILBLÜTENLESE ist eine Sonderlektüre.

Stille Messe = SANTOMIME.

STOFFWECHSELSTUBE = Toilette.

STORNITHOLOGIE =
Lehre von der Abschaffung der Vögel.

Strip auf der Rednerbühne =
ENTHÜLLUNGSPLATTFORM.

Studentenaufstand =
UNIVERSITÄTLICHKEITEN.

Suche nach einem Fräulein =
MISSION.

TABACCHANTINNEN
tanzen in der Disco.

Tanz am Eingang =
SCHWELLENLÄNDLER.

Tänzelnde Kickerin =
FUSSBALLERINA.

TARZANIA = Urwaldstaat.

TELEMARKUS =
uralter Evangelist im Fernsehen.

Temperaturschwankungen sind
GRADWANDERUNGEN.

THALASSOWERFEN = mit dem Seil fischen.

Therese, ein Straßenmädchen = RESI PUBLICA.

Tiere verschlingen = PERIGESTALTIK.

Tiroler Nachtisch = WILDER KAISERSCHMARREN.

Titel für gewisse Herrscher =
DOCTOR HORRORIS CAUSA.

TOLLERANT = außergewöhnlich duldsam.

Totale Erinnerung = OMNISIE.

TRABITURIEREN = munter reifen.

Tränengas ist ein ALLHEULMITTEL.

TRANSZENDENTISTEN = gläubige Zahnärzte.

Traumberuf = LANGZEITPENSIONIST.

TRIBADENIXE = schwimmende Lesbe.

Trinkfester Denker = VIELOSOFF.

TRUGBOLD = Schwindler.

Trunkenheit = IN-SUFF-IZIENZ.

Tschechischer Chor = die PRAGMATISTEN.

Tsunami = LANDZUNGENBRECHER.

Übelriechendes Dorf = ABORTSCHAFT.

Übelriechendes Urtier = STINKSAURIER.

Überall Gerümpel eines Beamten =
HAUS–UND–HOFRAT.

Überfleißiger Diplomat = BOTSCHAFTELHUBER.

Übergenauer Mensch = PLUSQUAMPERFEKTIONIST.

Überlastete U-Bahn-Haltestelle =
INTENSIVSTATION.

ÜBERTREIBGUT = romantische Prosa.

Üble Nachrede = SCHMUTZBEHAUPTUNG.

Unbedeutendes Dasein = LEBENSLEERLAUF.

Unentschlossen = JENACHDEMLICH.

Unerfahrener edler Ritter = LOHENGREENHORN.

Ungeeigneter Mediziner = ÄSCULAPSUS.

Ungeschicktes sich vorstellen =
SELBSTVERSTAMMELUNG.

UNIFORMALITÄT = schwarzer Anzug und Krawatte

Unser Leben besteht aus
EINZELHEUTEN.

Unsere Verwandtschaft mit den
Schimpansen = AFFINITÄT.

UNTERLEIBWÄCHTER
beschützen Frauen
in der U-Bahn.

Unterstützende Firmen bilden
ein SPONSORTIUM.

Unrasierte sind HAIRVORRAGEND.

Unverlässliche Zahlenangaben =
BERICHTWERTE.

Unwirksamer Stimmungsaufheller =
ZEROTONIN.

Unzusammenhängender
Exhibitionismus = BLOGORRHOE.

Urlaub am Stadtrand =
PERIFERIEN.

VATIKANDIDAT =
der nächste Papst.

Verbale Kapriole =
SALTO WORTALE.

Verdächtig hervorragend = PROMINÖS.

Vergiftete Süßigkeit = WIDERSACHERTORTE.

Vergisst du die Buchstaben, so versuche es mit einer SATZZEICHENSCHRIFT.

Vernünftiger Affe = LOGORILLA.

VERWICKLUNGSLÄNDER schaffen Konflikte.

VERZUGSBEAMTER = langsamer Mensch.

Vollschlanke Frauen = PRALLINEN.

Von einem blog abschreiben = BLOGIAT.

Von einem Schiff überbrachte Nachricht = BOOTSCHAFT.

VORHALL = die Stimmen kommen den Wählern zuvor.

Wäre WORTSCHATZGRÄBER ein aussichtsreicher Beruf?

Wärmestrahlen im INFRAROTLICHTMILIEU.

Waldgeflüster = REHTORIK.

Wegen der TSUNAMI werden Japaner dicker.

Weinprüfer gehen einer
GEREBELTEN BESCHÄFTIGUNG nach.

Weitgereister Senior = WELTGREIS.

WELTALLEE = Bäume entlang der Milchstraße.

Weltstadt = KOSMOPOLIS.

Wenn der Detektiv in die Jauche fällt,
wird er zum VERDRECKTEN ERMITTLER.

Wenn es Antimaterie gibt, dann auch ANTIGEIST?

Wenn Pflanzen nörgeln = ALRAUNZEN.

Wer vier Hunde Gassi führt ist ein MEHRTIERER.

Widerspenstige Schöne = REBELLA.

Widerspenstiges Parallelogramm = RAMBOID.

Wie viele Bedeutungen hat das Wort
NACHTGESCHIRRSPÜLERIN? – Zwei!

Willige Sennerin = DETUMESZENZI.

Wir schreiten fort mit aller Kraft;
doch Fortschritt, Kenntnis, Wissenschaft
enthalten stets UNWISSENSCHAFT.

Wohin geht ein Callgirl? Auf den e-STRICH.

Wortspieler = VERBALIST.

ww = Wehwehchen.

ZÄHN-BUDDHISMUS =
Religion der Zahnärzte.

Zahntechnisches Labor = MUNDWERKSTATT.

Zeit mit sich allein verbracht =
ASOZIALSTUNDEN.

ZEREBRUMMEN = Kopfrauschen.

ZEREMONOTONIE = langweilige Förmlichkeit.

Zu früh quatschen = PRÄFABULIEREN.

Zum Säubern der Sprache dient die WORTSPÜLE.

Zwischen Ribisel und dem Holunder immer wieder
BEERENHUNGER.

Zwischenstopp = PAUSOLEUM.

ZYKLOFRENETISCH = im Kreis herum rasend.

Mit anderen Worten gesagt (Synonyme) - Englisch

Absichtlich erfunden = INVENTIONAL.

A country of heathens = PAGANISTAN.

A DISASTEROID almost struck the earth.

A herd of elephants = TUSK FORCE.

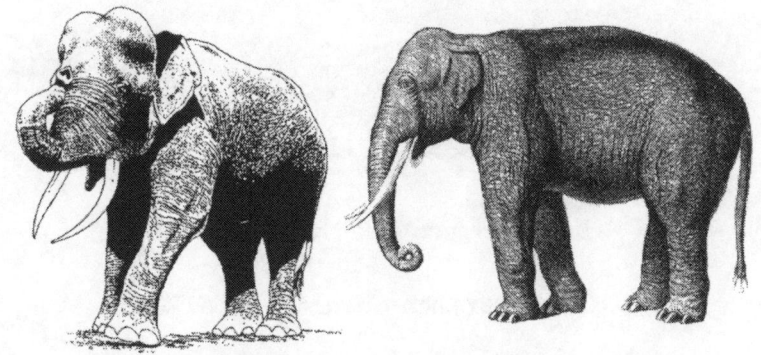

A LACHRYNOSE produces a mucuous mourning.

Alimente sind OUTCOME TAX.

Alles ist nutzlos = FUTILITARIANISM.

Alles über mich = BLOGRAPHY.

Alt und dumm = FOSSILLY.

A man-about-town is URBIQUITOUS.

A manicure set consists of PARAPHERNAILIA.

Anorexie bei Frauen = FAMININITY.

Aphoristiker = PROVERBALIST.

A posh neighborhood can be called.
ENVYRONMENT

A procession of cats = PURRADE.

Arbeitstherapeutinnen = ERGOGO GIRLS.

Astronautinnen = THE SPACE GIRLS.

Atheismus = ZERO WORSHIP.

Auf dem Biwa See nahe Kyoto
kreuzt ein ZENICRUISER.

Aufrechte Vierbeiner =
ORTHODOGS.

Aus dem Flugzeug fallen =
EXPLANATION.

Ausladen = EXVITE.

Ausgewählte Schriften über Termiten = ANTOLOGY.

Außerirdische Frau = FEMALIEN.

Bartwuchsmittel = FURTILIZER.

Bedauerlicher Hautzustand = PSORRYASIS.

Bekanntes Fest = MANIFESTIVAL.

Berggrab = EVERESTROOM.

Bergwacht = ACROPOLICE.

Berüchtigt wie die Hell's Angels = MOTORIOUS.

Bestechungsgeld für Zeugen = TESTIMONEY.

Blöde Tüte = SILLYCONE.

Bösartiger Lehrer = PEDAROGUE.

CALLIGRAMMARIAN = gutaussehende Satzlehrerin.

Celebrity talk is
IDOL CHATTER.

Chicken farmers
are EGGCENTRICS.

COINEFFICIENT = ungeschickter Mitarbeiter,
aber auch geschickter Münzer.

Das Gesäß straffen = BOTOX FOR BUTTOCKS.

Das Tragen von Pelzen = PERFURMANCE.

Dauernd irritiert = PERPETULANT.

Denkt immer an Kleingeld =
CENTIMENTAL.

Der Chef ist verknöchert =
BOSSIFICATION.

Der Erdtrabant
tut dir nichts =
IMMOONITY.

Der hl. Lorenz wurde
zu THANATOAST.

Der Wald = BAMBIENCE.

Die Antwort des Künstlers = CREACTION.

Die Clowns = COMIC SECTION.

Die Erde leuchtet = GLOWBALIZATION.

Die Erinnerungen herrschen = MEMOCRACY.

Die hohe Macht des MIGHT-HAVE-BEEN.

Die Kosmologen sind BLACKAHOLICS.

Die Muse der Sporthallen =
POLYGYMNIA.

Die Sommerbräune
behalten = SUSTANABLE.

Doppelsinnig wiehernd =
EQUIVOCAL.

Easy puzzles are FAST
FOOD FOR THOUGHT.

Du wirst während des Flugs gut schlafen =
HAPPY BERTHDAY.

Eccentrics are suffering from ODDITIS.

Ehemaliger Internetbenützer = NETERAN.

Ehemann = OVERLAY.

Einander umbringen = COLLIQUIDATE.

Einbrecher = MATADOOR.

Einfallsreiche Wundsäuberung = DISINFICTION.

Eine Perücke für mehrere Personen = COHAIRENCE.

Ein INPATRIATE bleibt in der Heimat.

Ein Parfümeur ist SCENTIMENTAL.

Ein POLYPHONY schwindelt vielfach.

Ein Ritter
reitet eine
KNIGHT-
MARE.

Ein spöttisches Lob = ENCOMICAL.

Eiszustellung = COOLTOUR.

Eitles Erlöschen = NIRVANITY.

Ein umgedrehtes bekanntes Gedicht ist
THANATOPSY-TURVY.

Endlich mehrere Partner =
MULTIMATELY.

Enge Unterwäsche = INFIT.

Entschuldigt sich für ein Nickerchen
= NAPOLOGETIC.

Entspannter Ringer = HERCOOLES.

296

Etwas zu essen herzaubern = to IMPROVIDE.

Er imitiert andere Herrscher: COPYCRAT.

Er ist allein, aber nicht einsam: E-REMITE.

Erzwungene Zusammenarbeit =
INTEAMIDATION.

EXTERIORATION = im Freien vortragen.

EXTRAVAGRANT = Supervagabund.

FAIRTILIZER = natürliches Düngemittel.

Fast blöd = QUASININE.

Fast food restaurant =
FATNESS STUDIO.

Feline bliss = PURRADISE.

Fehlerhafte Gymnastik = ERROBIC.

Fernsehserien „are getting less and less and less" =
SENSELESS, WORTHLESS, ENDLESS.

Fescher Oberkämmerer = APOLLONIUS.

Feuerlöschen = DEFLAMATION.

Feurige Schrift = SIGNITION.

Feverish assistance = SERVICITIS.

FILIBUSTOURIST = redseliger Reisender.

For every man in need available: FEMINA.

Freudespender = HEDONOR.

Für Schüler ist das schlimmste 4-LETTER WORD: WORK.

Geizig = CENTIMENTAL.

Geklonte Katze =
DUPLICAT.

Geldwäsche und –pflege = MONEYCURE.

Genickstarre is A PAIN IN THE NECK.

Geschichtsprofessor = HISTORYTELLER.

Gestohlene kleine Münze = KLEPTON.

Getötet werden = ARTIFICIAL EXPIRATION.

Giftiger Idiot = TOXYMORON.

Giving abundantly = DONORRHEA.

Glaubt gerne = CREDOPHILIAC.

Grober Sex = INTERCOARSE.

Großes Hinterteil = RETROFATTED.

Gut in allem = COMPLETENT.

HAMBURGLAR entwendet Schinken.

Handel mit heiligen Bildern = ICONOMICS.

Harte Bergwerksarbeit = OREDEAL.

Hautcreme für alle = POPULOTION.

Hawaii ist ideal als EXISLE.

Herumziehender Nicht-Sänger =
RAPAROUND.

Historical novels are LIOGRAPHIES.

Hörschaden = DEAFICIT.

Hund als Zugtier = PULLDOG.

Hunde aus der Luft = PARADOGS.

Imitation eines Seufzers = SIGHCLONE.

Im NEARVANA ist man schon fast erlöst.

Improvisers are ADLIBERALS.

Incomprehensible writing = SCRIPTEASE.

IDOLESCENCE = deification.

In eine Folie einwickeln = TO ALUMINATE.

In England bedeutet BH „British humour".

Ins Bett gehen = NESTINATION.

Intelligentes Schiff =
ROBOAT.

Die Stockholm
nach dem
Zusammenstoß
mit der
Andrea Doria
1956

Ist die Abkürzung für „never renounce arms" NRA?

Jemanden einen Homo nennen = ALLEGAYTION.

JESTABLISHMENT = Parlament.

Joy over a legacy = INHERIDANCE.

Junge Kassierin = MISS TAKE.

Kälber auf der Straße einfangen = ROADEO.

Kämpferische Inhaltsänderung =
TRANSCONTENTION.

Kämpft für ein Diplom = GRADUATOR.

Kein Abfall am Steilhang = CONSTEEPATION.

Kleiner Gedanke = THINKLING.

Kosmologe = SPACIALIST.

Kurzstreckenläufer = JET LEG.

LAGOONS sind keine venezianischen Banditen.

Langweilige Mitarbeiter = COLLABORES.

Langweilt alle = OMNIBORE.

Lauter Schmatz = KISSONANCE.

Legendäres Kasino = GAMELOT.

Lehrerzimmer = BUREAU OF CORRECTIONS.

Leichter Versuch = TRYFLE.

Leistungsfähigkeit eines Mobiltelefons = HANDYCRAFT.

Liebt Parfum = SCENTIMENTAL.

Lots of dirty books = PORNUCOPIA.

Liebt Schweinefleisch = PORKAHOLIC.

LUCKADAISICAL = successfully lazy.

Mäßig vernünftig = MODERATIONAL.

Maler und Fotografen entwickeln PICTURE PRIDE.

MANOPAUSE = Es war einmal.

Massenerinnerung = MEMORABBLE.

Messung von Kühlschränken =
FRIGONOMETRY.

MISPRONOUNCER =
Fernsehsprecher(in).

Mit den Juwelen fühlen =
GEMPATHY.

Mit einer Lanze
verletzen =
INSPEARATION.

Mitglieder fächeln sich: FAN CLUB.

Multiples Rennen = PLURALLYE.

Name eines Friseursalons = HEADONISM.

Namenloses Nagetier =
ANONYMOUSE.

Nerds =
CEREBRATS.

Neue Ernährung =
NEWTRITION.

Neue Kleider = REATTIREMENT.

Noch keine Veränderungen =
PREVOLUTION.

Nützlich aber langweilig = DRAGMATIC.

Nur Rekorde zählen: EXTREMITIS.

Öffnet nur ein Fenster =
DRAFT DODGER.

Pediküre =
FOOTWORK.

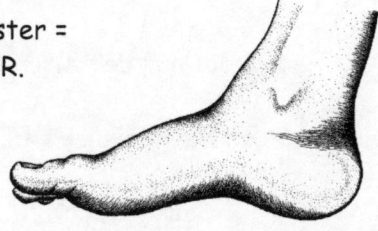

Peepshow = WHOROSCOPE.

PERMALOSER verliert dauernd.

Philippinen = LEISURE'S PLEASURES.

Plastic surgery = SKINNOVATION.

POSIDAY = Tag ohne negative Kritik.

Puppengrill = BARBIECUE.

Redet sehr viel =
PLENTILOQUIST.

Reichhaltiges Buffet =
AVALUNCH.

Ritter singt im Sturm =
KNIGHT-IN-GALE.

Ritterrüstung =
HARDWEAR

Robber baron =
THIEFTAIN.

Ruderboot auf der Alten Donau = TOWNSHIP.

Salon für Pediküre = FEETNESS CENTER.

Sauna = SOCIAL WETWORK.

Schämt sich seiner Schönheit = APOLLOGETIC.

Schätze des Vatikans = POPE ART.

Schauspielunterricht in der Postkutsche = STAGECOACHING.

Scheidung am INDEPENDENCE DAY.

Schnelle Glocke in Irland = BEL(L)FAST.

Schöpfergott = UNIVERSIFIER.

Schülerarbeiten liegt gelegentlich eine EXPERIMENTAL LOGIC zugrunde.

Schutzengel = BODY–AND–SOUL–GUARD.

Schutzhülle für Mobiltelefon = HANDYCAP.

Schwache Füße = WEAKIPEDIA.

Schwarzenegger unterwegs = TRAVELLATOR.

Schwieriger Test = INQUIZITION.

Seide = SOFTWEAR.

Sex im Schwimmbad = COPOOLATION.

Sich eine Meinung bilden = NOTIONALIZE.

Sich von vielen bewundern lassen = MULTIBASKING.

Sie gerät immer in Schwierigkeiten:
CATASTROPHELIA.

Sifting through
weighty tomes =
HIGHBROWSING.

Skeptisches Schaf =
AGNUSTIC.

Skin clinic =
DERMITORY.

Slander is an UNFAIRY TALE.

Something hateful to see = ODIOVISUAL.

Spectators' hall of fame = FANTHEON.

Stabile Dummheit = RESILLIENCY.

STALKATIVE = mit Geschwätz verfolgen.

Stammgebiete für Helden = HEROGENIC ZONES.

Steinlawine bei Innsbruck = TIROLLING STONES.

Strandwächter = BATHOLOGIST.

Streetwalker = MACADAMSEL.

306

Streitsüchtige Eheleute wünschen sich
HAPPY ANNICURSERY.

Stripübung = UNDRESS REHEARSAL.

Suppeneinlage in Athen = GREECENOCKERL.

SURFISTICATION = to use a golden board.

Tanz um das Goldene Kalb = EUROBIC.

Technische Fehler = ENGINERRING.

Tennisschiedsrichter sind BORDERLINE CASES.

The jesters' hall of fame = PUNTHEON.

The stars of the small screen = TELEBRITIES.

Tobendes Kind: TANTRUM ERGO.

Tod durch Gestank = EXSTINKTION.

To DEBAIT means to liberate the worm.

Todesangst = ENDLIFE CRISIS.

To swallow gold dust means INTERIOR DECORATION.

To stick to the same tricks = PLOYALTY.

Total veraltet = ABSOLETE.

To take a PRAYCATION in a monastery
will pacify your mind.

Trinkt in der Kirche Bier = ALCOLYTE.

Tut es selbst = IN – SOURCING.

Überraschende Auszeichnung = SURPRIZE.

Überrascht im Baltikum = ESTONISHED.

Überzogenes Konto = ACCOUNTDOWN.

Unnachahmlich = CLONELY.

Unordentliche Bibliothek = LITTERATURE.

US-Soldaten besuchen Venedig
in einer PENTAGONDOLA.

Vergessener Verfall = LOST DEGENERATION.

Verschluckt seine Worte = VERBIVOROUS.

Verunfallte Mannschaft = VICTEAM.

Verbrecher im Dunkeln = NIGHTHOOD.

Verwendet einfache Wörter = WORDINARY.

Verzehrt Hunde = CANIBAL.

Viele sprechen COMMON NONSENSE.

24 Stunden Polizeischutz =
COP AROUND THE CLOCK.

24 Stunden Schlaf = ONE-DAY-NOD.

Vollkommener Roman = PERFICTION.

Voll von primitiven Touristen = TRAVULGAR SQUARE.

Vorliebe für Vergehen = PREDELICTION.

Wassersport einer Königsfamilie = WINDSORFING.

We like to take an ALCOHOLIDAY in Mallorca.

Weltordnungshüter = COSMOPOLICE.

Wie findet man einen Freund? = PALGORITHM.

Winziger Ventilator = COLIBREEZER.

Wird stärker = EMERGETIC.

Wissenschaft von der Formlosigkeit = AMORPHOLOGY.

Wo enden alle Spiele unentschieden? In TIELAND.

Wortwitz als Allheilmittel = PUNACEA.

Zahlenkünstler = DIGITARY.

Zerrissenes Verhütungsmittel = DIAPHRAGMENT.

Zerstörerischer Wirbel = SHREDDY.

Ziemlich unbedeutend ist das
COUCH POTATO MOVEMENT.

Zierlicher Rapper auf Tournee = SIR CUTE.

Zu wenig Geburten = MIDWIFE CRISIS.

Weisheiten und Sprüche - Englisch

Accept also the exceptions.

A clean conscience means a poor memory.

A contraceptual artist has no followers.

Actors show how real people really want to act.

Adoration of exactitude is unreasonable.

After all these famous places finally a nameless meadow.

A live-in helper = INMAID.

A man of goods is not necessarily a good man.

A mathematician is not a person who has nothing to prove.

Angina is not the name
of a doctor's daughter.

A personal computer
is a bit player's prop.

An astronaut is an upstart.

An 80-year old gentleman
is more gentle than man.

Are there any
zeromedia artists?

As a matter of record,
records are changing.

As Shakespeare told the apple:
Ripeness is all.

A tainted grandmaster may have
a chequered chess career.

At least emptiness is not crowded.

At the beginning he was only a starter.

311

Belief is real, but reality is a matter of belief.

Beruhigungsmittel für Puppen = BARBIETURATE.

Better include than intrude.

Better the fifth wheel than a fifth column.

Broken sculptures are partial arts.

Can one outgrow ingrowns?

Can one wander around with shifting aimlessness?

Care and creation are the cornerstones of life.

Caution means taking somebody's sweet talk
with a grain of salt.

Close your eyes and you will see!

Cosmotourism is not far-fetched.

Curiosity kills ignorance.

Dear persons can be expensive.

Death could be life continued in logical space.

Don't destroy Nestroy!

Don't deny that life is vital.

Death will outlive us.

Delusions are also real.

Does an ox bully the cows?

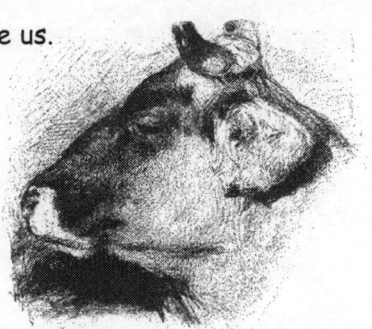

Don't expect shorthand
for long fingers.

Don't give up, put down.

Don't leave behind a line of clowning clones.

Don't look down on people,
lift them up and you will rise with them.

Don't reject unwanted gifts, pass them on.

Dreams don't need sleep.

Equality may be one-sided.

Even a believer can be unfaithful sometimes.

Even a kitchen may be kitschy.

Even a writer may be wrong.

Even Buddha's silence was surrounded by circumstances.

Even materialists are doing
some soul-searching occasionally.

Even sane people are crazy about something.

Every tongue has many poems waiting.

Exhumation is often considered a grass-roots issue.

Few can tell what you are doing well.

Find your blessings and bless your findings.

Forced listeners prefer an incomprehensible conversation.

For some people fashion is a spectator sport.

Free climbers try to avoid the free fall.

Give yourself but don't give yourself away.

Glide within your body sensing many details.

Glovers need first-hand experience.

God was looking forward to the beginning of the world.

Good taste is a matter of taste.

Good things are invented several times.

Great saints do voluntary work in hell.

Gunmakers have their patron saint
(patron ungleich Patrone).

History deals with the past,
economics with the future,
and what about the present?

How boring if a science
were ever completed.

How delicious to travel when everything
belongs to everybody.

How will the world end? With a d.

I am a fan of you but not your ventilator!

If you beg the question,
the answer will be disappointing.

In some countries
the people don't add anything,
they only multiply.

Idleness can be tiring.

In case of doubt, doubt.

Industry contains dust.

It is also an art to
leave things undone.

It is more decent to take girls out
than to take them in.

It's alright to be wrong at the right moment
and wrong to be right all the time.

It's better to go overboard
than to go under, bored.

It takes little space for having a good time.

Keep distance from the immediate!

Lay down your assumptions
and don't jump at conclusions.

Let your mind flow beyond its borders,
this may not be too far.

Literature should not
be taken too literally.

Live your unforgettable
future now.

Lying low reduces the fall.

Man is the continuation of the ape
with other means.

Many a woman wears the pants in the family
without wearing them on her sleeve.

Many teachers don't want to postpone the difficult chapters,
they want to avoid them.

Mobbing leads to sobbing.

Models are nice looking skeletons.

Motto: no speech, little talk, all words.

Motto of cannibals: to each his own!

Nature is usually wearing a green wig.

Networks have gross earnings.

No question, there will be answers.

Not all assumptions are true but some lead to heaven.

Not all broadcasters are narrow-minded.

Not in all cases the brain of the family
is wearing the pants.

One should be reasonably irrational from time to time.

Overtakers assist undertakers.

Photons are travelling light.

Please, unlock a chain of universes!

Poor make-up loses face in the rain.

Says the doctor: patients must be patient.

Self-love is seldom unrequited.

Should people be forced to be free?

"Sic transit" is the name of an Indian bus company.

Some behave well when they have
nothing better to do.

Some highlights rise and fall.

Some lines are pointless.

Some people are wasting time and space.

Some people think positively and talk negatively.

Some prefer a romantic voyage across the desk.

Some pupils hate theories and refuse to practice.

Some reading is minimally invasive.

Some should have the privilege of non-existence.

Some states are governed privately.

Something can be obvious but improbable.

Students of pedagogy look forward to look after children.

Teacher to pupil: You don't know anything, pupil: I know.

The advantage of a misfortune may be
to make you forget other misfortunes.

The answer is often wiser than the question.

The Archduke was singing:
Don't cry for me, Albertina.

The content of our wallet is our common wealth.

The first spare rib was named Eve.

The general said:
No generalizations about success with women, please!

The gift of speech poisons the mind.

The one-armed bandit was caught singlehandedly.

The perfect woman knows her imperfections.

The point is, it is not easy to define a point.

The point of view is often invisible.

There are slender teachers at large.

There can be complete joy about incompleteness.

There is nothing divine about atheism.

There may be swing votes in a hung jury.

The shortest Oxford English Dictionary: love.

The story of the Boston strangler is breathtaking.

The son of the Pharaoh pointed to a mummy of daddy.

The whaler told his prey: Please, hold the line!

Time has many directions.

To be and not to be, that is the answer.

To get one half is better than to take all.

To make love is an inside job.

To listen to certain speeches is survival training.

Too much sepsis decays to sepsis.

To put up with certain people
requires putting them down.

"T. S. Eliot" is an anagram of "toilets".

Unehrliche Begrüßung = WELCOMEDY.

Uninspired writers are not being minded.

Variety is the sum of all the differences.

We are committed to an open house of words.

What is better, to be looked over
or to be overlooked?

What is most unforgettable we have never known.

What is worse: an ugly building
or a run-down house?

While in hell save on heating.

Work is a spectator sport for quite a few.

Worship your ancestors, not you possessions!

Zen: to live is to meditate.

Mit anderen Worten gesagt (Synonyme) – Französisch

Abenteuerliche Reise = AVENTOUR.

Achtung Fest = FÊTE ATTENTION.

Ackerfurche = DÉCHIRURALE.

ADARGENTABLE = bestechlich (nicht adorable).

Alberne Leichtigkeit = NIAISANCE.

Allesverneiner = NÉGALOMANE.

AMERVEILLES = bittere Wunder.

AMOURIRE = sich über die Liebe totlachen.

Auswahl aus allen Schriftstellern = PANTHOLOGIE.

Auswahl von Augenblicken = INSTANTHOLOGIE.

Beamter = INDÉCIDEUR.

Bedeutender Fotograf = IMAGICIEN.

Beliebiges Dahinrechnen = CALCUL INDIFFÉRENTIEL.

Besonders scharfsinnig = HYPERSPICACE.

Betrunkene Berühmtheit = CÉLÉBRIÉTÉ.

BIJOUEUSE spielt beidhändig mit Schmuck.

Bild"hauer" = STATUEUR.

CAUCHEMARÉE = Flut von Albträumen.

CHAPELLIÈRE = Pastorin.

Cocktailtomate = ATOMATE.

CRISANTÈME = schreiende Herbstblume.

Dem Haarschneider wünscht man BON SCHUR.

Denkt nur ans Essen = ALIMENTALITÉ.

Des Meeres müde = THALASSITUDE.

DÉSORDINATEUR bringt alles durcheinander.

Die Fülle der Tundra = PLAINITUDE.

Die ONOMADES haben keinen festen Namen.

Die Welt verschmutzen =
IMMONDIALISER.

Diplomatin in Strümpfen = ENBASSADRICE.

DIVÊTISSEMENT = unterhaltsame Entkleidung.

Dort sind alle reich = PLUTOPIE.

Dreibrüstigkeit = POITRINITÉ.

Dreister Nachbar = GRIVOISIN.

Durch Hochachtung fördern = ESTIMULER.

Durch Pfeifen verspotten = PERSIFFLER.

Eifriger Schwätzer = BAVARDEUR.

Ein CALEMBOURSIER besucht die Wortspielbörse.

Ein edles Hauskleid ist nötig = NOBLIGÉ.

Eine kleine Zauberei = SORTILÉGER.

Einen Seehund ersticken = SUPHOQUER.

Eine Uhr stehlen = DÉMONTRER.

Ein Monokini ist nicht für alle geeignet =
TOPLESS OBLIGE.

Einstein ist ein MONOLITHE.

Eisenwind = FER-VENT.

Eitle Schriftstellerin = ÉCRIVAINE.

Elternloses Kätzchen = ORFÉLIN.

Er lügt beinahe = QUASIMENTEUR.

Erscheinung eines Kindes = ENFANTÔME.

Er verwendet Clichés = CLICHARD.

Ewig mütterlich = MATÉTERNEL.

Falschheiten = VÉRITÉS PARALLÈLES.

Fastenzuckerl = CARÊMEL.

FÉETUS = kleine Zauberin.

Feind von Vokalen = CONSONNARD.

Fernsehschläfchen = TÉLÉSIESTE.

FEUILLETONNE = gewichtiger Artikel.

Flugpersonal = LES GENS D'AIR.

Furchtsamer Schwindler = TROMPEUREUX.

Für Gleichmachung kämpfen = ASSIMILITER.

Fußpflegerin = MADAME PÉDICURIE.

Gassenjunge, der von allen etwas hat = AMALGAMIN.

Geerbter Sperling = PATRIMOINEAU.

Geldträumer = RÊVEURO.

Gerissenes Mäntelchen =
CONDOMMAGE.

Geschickt im Ausweichen = ÉCARTISTE.

Gespensterschau = SPECTROSCOPIE.

Gewohnheitsmörder = HABITUEUR.

Gliederung der Leere = NIRVANATOMIE.

Göttliches Rätsel = DIVINETTE.

Herzliche Zugabe = ENCORDIAL.

Höchste Schreiblust = ABÉCÉDÉLIRE.

IDOLÉANCE = Klage vor einem Götzenbild.

Immer mehr altes Eisen = PROLIFERRAILLE.

Immer ungebärdig = PERPÉTULANT.

Impressionistischer Champagner =
MONET-CHANDON.

Im Schmutz zermalmen = ÉCRASSER.

JARDINGUE = Gartennarr.

Kasteiung führt zu nichts = AUSTÉRILITÉ.

Knirschen vor Gram = CHAGRINCER.

Köstlich zu essen = MANGÉLIQUE.

Krankheit des Bummlers = RUEMATISME.

Krankmachende Unterkunft = PATHOLOGIS.

Künstlerisches Basteln = BRICOLLAGE.

Kurzzeitiger Vater = ÉPHÉPÈRE.

Laden für Fälschungen = PSEUEOTÈQUE.

Land der Heimatlosen = NOMADIE.

Lehre von den Formen des Todes = MORTPHOLOGIE.

Liebesakt = PAIREFORMANCE.

Macht ein gelangweiltes Gesicht = FACETIDIEUX.

Mancher Mann ist ABNORMÂLE.

Massenaufstand = TUMULTITUDE.

Medizinschrank = PHARMOIRE.

MENSONGERIE = verlogene Träumerei.

MIESÉRABLE = elend und schlecht.

MIMUNITÉ =
Unverletzlichkeit des Gebärdenspielers.

Mischmasch = SALADE IMAGINAIRE.

Mit den Fingern die Zähne putzen = MANICUREDENT.

Murmelnde Mauer = MURMURAILLE.

Museumsarbeiter = LOUVRIER.

Nachhilfeschule = RÉPÉTOIRE.

Nächtliche Betrunkenheit = TÉNÉBRIÉTÉ.

Noble Wunde = NOBLESSURE.

OPTIMALHEUR = bestes Unglück.

PARFAIT ACCOMPLI = vollendetes Meisterwerk.

Priester = MAÎTRE D'AUTEL.

Professorenherrschaft = ACADÉMOCRATIE.

PYROUETTE = feurige Drehung.

Rammauto = RAMBOLIDE.

RAPPORTUAIRE = Hafenerzählung.

Regelwidrige Bosheit = ANOMALICE.

Reicher Österreicher = AUTRICHARD.

Restaurants testen = GOURMÉTIER.

RICHELIEU = nach einem reichen
Ort benannter Kardinal.

Röntgenologe = RADIATRE.

Sagt der Hund =
LES TAS, C'EST MOI.

Sagte Gott zum Urknall =
BON UNIVERSAIRE.

Schicksal spielen = FATALISER.

Schöner Wahn = EUFOLIE.

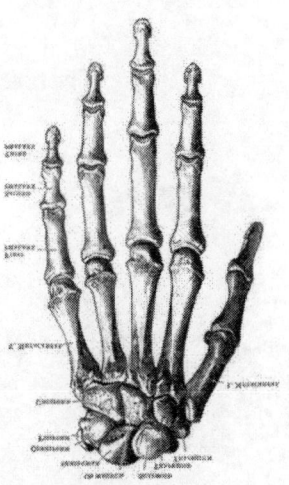

Schlechtes Abonnement = AMALEMENT.

Schmeichelnder Spiegel = ADMIROIR.

Schmutzige Albernheit = SALIVERNE.

Schutzheiliger der Zirkuskünstler =
SAINT TRAPÈZE.

SILICONNERIE = Brustvergrößerung.

Solide Hose = HERCULOTTE.

SOURCELLERIE = Verhexung einer Quelle.

SQUELECTRIQUE = mager und begeistert.

Taktvoller Dummkopf = DISCRÉTIN.

Traurige Nachricht = INFORMATUNE.

Treffendst = SUPERTINENT.

Überall eine Julia suchen
= ROMÉOPATHIE.

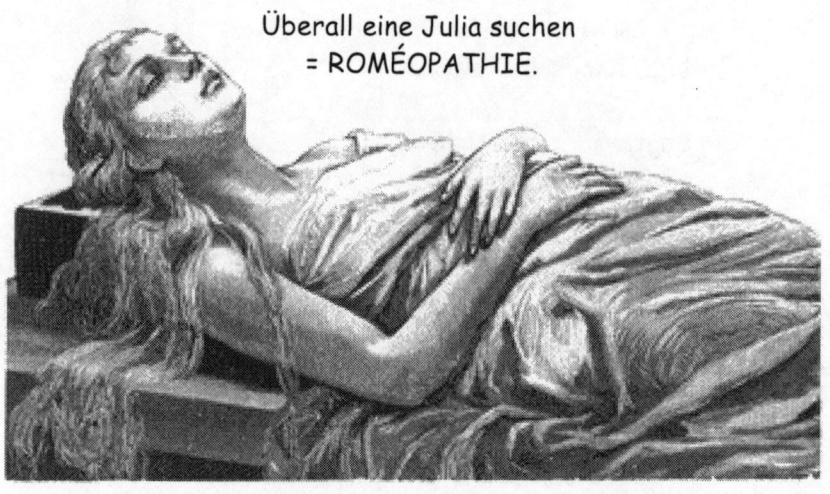

Übertriebene Ferien = EXTRAVACANCES.

Unendliche Feinheit = INFINESSE.

Ungebildet = MINUSCULTIVÉ.

Unübersichtlicher Arbeitsraum = LABEURINTHE.

Verborgener Adel =
NOBLIQUITÉ.

Verborgenes Maß =
HERMÉTRIQUE.

Verrückte Herrscher =
FOLIEGARCHIE.

Versehen in Brüssel = ERREUROPÉEN.

Verzeiher = PARDONATEUR.

Vielfach nützlich = VERSUTILE.

Wahrer Grund = VRAISON.

Wasserfall = CAS D'EAU.

Wieder fliegen = CONVOLESCENCE.

Wie eine lustige Witwe = VEUVACITÉ.

Will mehr und mehr = AUGMENTALITÉ.

Wohlgesinnter Dieb = BÉNÉVOLEUR.

Wohnwagen zu gewinnen = ROULOTERIE.

Wüstenteppich = GOBILIN.

Wunderhügel = MIRACOLLINES.

Zauberhafter Stadtrand = PÉRIFÉERIE.

Zeitentzündung = CHRONITE.

Zentralafrikanisches Parfum = SAVANITÉ.

Zerstörer des Meeres =
THALASSASSIN.

Zögernd ketzern = HÉRÉSITER.

Zuerst das Gebet = PRIÈRITÉ.

Zum Kauf reizen = ACHATOUILLER.

Zusammengesetzter Witz = ASSEMBLAGUE.

Zu viele Süßigkeiten = DIABÊTISE.

Zwergwuchs = NANOMALIE.

Weisheiten und Sprüche - Französisch

Aristote a mis en cause toute matière.

Tu dois mettre des fleurs entre tes paroles.

Vos observations sont pertinentes,
mais vos commentaires sont impertinents.

Le silence peut décorer le vide.

C'est classique: une corneille qui prend racine.

Derrière chaque constatation descriptive
se cachent mille jugements de valeur.

On se supporte mieux parmi les autres.

Dans le doute, fais un détour.

Change d'avis et tu changeras ta vie.

Partagez votre temps entre le visible, le lisible et le risible.

Tout passe, tout casse, dégueulasse.

Mit anderen Worten gesagt (Synonyme) – Italienisch

Alles Geschwätz = PANGLOSSOLALÌA.

AMULETTO = das Bett als Talisman.

Andere Wirklichkeit = REALTRA.

Angst vor niemand = NEMOFOBÌA.

ANIMALATORE = Tierpsychiater.

An kleinen Planeten interessiert = MERCURIOSO.

Antialkoholismus = BERESÌA.

ARCHIMÈDICO = Hippokrates.

Ariadnes Beruf = GOMITÒLOGA.

Austeilen der Suppe = AMMINESTRAZIONE.

Bei Totogewinn = EUROFORÌA.

Betrachtung des Altbekannten = LAPALISCOPÌA.

Bitterer Duft liebt die Ewige Stadt = AMAROMA.

Blumensplitter = AFLORISMA.

Caesars Südseebesuch: VENI, VIDI, FIDSCHI.

CAPO DANNO = Kopfverletzung zu Jahresbeginn.

CARNEVALLATA = Tal des Fleisches.

CARONTOLOGÌA = Lehre von den Flussüberfahrten.

CREAIUTARE = Wahlspruch hilfreicher Künstler.

CULINARRAZIONE = persönliches Kochbuch.

CUPIDAGGINE = dumme Begierde.

Das Buch der Schützen = CÀLIBRO.

Das Wort abschneiden = LOGOTOMÌA.

Dauernd Gemüse essen = VERDURARE.

Den Namen stammeln = ONOMASTICARE.

Der Vater Staat = BABBO STATALE.

Der Wunsch, Schulleiter zu werden = PRESIDERIO.

Die dicksten Nudeln = BAGHETTI.

Die übliche Traurigkeit = NORMALINCONÌA.

Die Würze vergessen = CONDIMENTICARE.

DISSIPATOLÒGICO =
krankhaft verschwendungssüchtig

Dürres Model = INOSSATRICE.

Duftet jetzt = IN FRAGRANTE.

Echte Außerirdische = REALIENI.

Ein älterer Roman = ROMANZIANO.

Ein dicker Heiliger = PESANTO.

Eine faule Frau = LA DONNA IMMÒBILE.

Eine Menge von Zaubereien = SORTILEGIONE.

Einen Korb geben = CESTICOLARE.

Eine Welle von Welten = MONDA.

Ein FINZIONARIO gibt sich als Beamter aus.

Eine Venezianerin im Mondschein = SELENÌSSIMA.

Ein langes Leben vermeiden = LONGEVITARE.

Ein lebendiges Dorf = BORGANISMO.

Ein spottendes Raubtier = BURLEONE.

Ein unfeines Kaninchen = CAFONIGLIO.

Ein von der Schule Verwiesener wird ein FUORI CLASSE.

Einzelzimmer in einem hohen Gebäude = GRATTACIELULA.

Ekelhaft und gefährlich = RISCHIFOSO.

Erbender Herausgeber = EREDITORE.

Elegante Haremsdame =
MODALISCA.

Er bietet die Stirn =
CONFRONTÒLOGO.

Erfindet viele Wörter =
PAROLÌFICO.

Er heilt die Erde =
TERRAPÈUTICO.

Er reist in Österreich =
AUSTRONAUTA.

ERRORALE = mündlicher Fehler.

ESUBERIACO = übermäßig betrunken.

Fallbeil = OSTÀCOLLO.

Faule Wanderer =
PIGRANTI.

Feurige Skepsis =
PIRONISMO.

Fliegende Ameise =
FORMÌCARO.

Fluglotse = SALVIATORE.

Fröhlichkeit ergrauter Menschen = ALLEGRIGIA.

Für immer im Hotel wohnen = ALBERGÀSTOLO.

Ganslzeit = OCASIONE.

Gefährlichkeit des Vielessens = PERIGOLOSITÀ.

Geheimnisvoller Engländer = MISTERIOSO.

Genießende Haremsdame = GODALISCA.

Gewagtes Bühnenbild = OSCENOGRAFÌA.

Gewöhnlicher Bösewicht = NORMALIGNO.

Gierig auf Geometrie = TRIANGOLOSO.

Glückselig im Freien = EUFUORÌA.

GRATTAGLIA = Hexenduell.

Großer Minister = MINISTRONE.

Halsenge = VAL D'AORTA.

Heilbehandlung der frommen Erde = TERRAPÌA.

Hell wie der Götterberg = OLIMPIDO.

Herzhafte Erinnerungen = RICORDIALI.

Hier kannst du sparen = ECCONOMÌA.

Himmlisches Tanzlokal = PARADISCO.

IDEA DA GRAPPA = Schnapsidee.

Ihm gefällt das Absurde = NONSENSUALISTA.

In die Luft geschrieben = DIARIOSO.

Insektenforscher in Norditalien = TRENTOMÒLOGO.

Jugendliche Eitelkeit = GIOVANITÀ.

Kennt sich mit chinesischen
Eseln aus = ASINÒLOGO.

Keuchende Gespenster =
FANTASMÀTICI.

Kindertragetasche =
PORTAFIGLIO.

Lärmender Humor = RUMORISMO.

Lehre von den Bremsen = FRENOLOGÌA.

Lehre von den letzten Fischfängen = PESCATOLOGÌA.

Leidenschaftlich Küssende = BACIANTI.

Leuchtkörper in der Poebene = LAMPADANA.

Liebe für das Andere = ALTEROFÌLIA.

Liebe macht blind = CÙPIDO E STÙPIDO.

Liebliche Umgebung = PANORAMÀBILE.

Lobbyist = TANGENTILUOMO.

Lustiger Ringkampf = SUMORISMO.

Manche Schiffe sind NAUFRÀGILI.

MERAVIGLIACCO = erstaunlicher Feigling.

Morgendliche Angst = PAURORA.

Müdigkeit als Hindernis = OSTÀNCOLO.

Mündlicher Vorrang = PRIORALITÀ.

Muse der Druckfehler = ERRATO.

Muse der Pfleger = CURANIA.

Nach Indien fliegen = INDIAVOLARE.

Namenskunde = NOMISMÀTICA.

Narrenhaus der eleganten Welt = ARMANICÒMIO.

Negatives Wesen = ANTITÀ.

Nestbauer = NIDEATORE.

Nur dem Namen nach der Vater
= BABBO NOMINALE.

Oberhaus = SQUADRA NÒBILE.

Ohren-Nasen-Lungenarzt = OTORINO RESPIRI.

Perfektes Frühstück = PRIMMACOLAZIONE.

PERIODIARE = immer wieder hassen.

Pflanzen wegwerfen = VEGETTARE.

PROLIFERITE = wuchernde Wunden.

PSICÒTTICO =
Seelenbeschauer.

Rätselhafte Bremse =
FRENIGMA.

Redet böse =
COMUNICATTIVO.

RE GALLO =
König Hahn als Geschenk.

Regelwidrigkeit in Mailand = MILANOMALÌA.

Restaurant = SAZIENDA.

Sammlung von Körperübungen = FLÈSSICO.

Saubere U-Bahn = METROPULITANA.

SAVANNAROLA = Ketzer auf heißer Ebene.

SCHALOMBARDÌA =
Gruß vor der Synagoge in Mailand.

Schinken aus Indien = PROSCIUTTO DI KARMA.

Schlafmusikstück = SONNATINA.

Schlafwandelgang = SONNAMBULATORIO.

Schlechte Ausrede = MÀLIBI.

Schlechte Suppe = CRIMINESTRA.

Schmutzig lachen = LURÌDERE.

Schöne Freude in Belgien = BELGIOIA.

Schönheit einer Statue = MARMONÌA.

Seichtes Stadtgespräch = URBANALITÀ.

SMS = EPISTOLINA.

Spielsalon mit gutem Kaffee = MOCASINO.

Sprachprobleme = LINGUAI.

Sprung über das Tor = SALTO PORTALE.

STIMULINO = reizvolle Mühle.

STOMACCHINA = gut funktionierender Magen.

TERREFOTO = Erdbeben geknipst.

Teuflischer Geldmarkt = MERCATO DEMONETARIO.

Trauriger Clown = MALINCOMICO.

UCCIDENTI = Haifischzähne.

Überlange Erzählungen = NARRATONA.

Über Zitrusfrüchte nachgrübeln = AGRUMINARE.

Unvorhergesehener Besuch =
IMPROVVISITATORE.

Unordentliches Abendessen = CENA CONTORTA.

Unterrichtende Nonne = PROFESSUORESSA.

Unterricht für das Volk = POPOLEZIONE.

Vergebliche Mühe = FRUSTRAPAZZO.

Verrückter Zahlenspieler = MATTOMÀTICO.

Vielseitigkeit = POLIGONALITÀ.

Vorraum einer Tagesklinik = PREAMBULATORIO.

Wanderlust = AMBULIMÌA.

Weinender Verbrecher = LACRIMINALE.

Winzige Ähnlichkeit = SIMILLITÙDINE.

Woher kommen die Fiakerfrüchte? EX EQUO.

Wundertätiger Riese = MIRACOLOSSO.

Zahnverfall = DECADENTALITÀ.

Zu faul sich zu bewegen = MOZIOSO.

Zwergente = NÀNATRA.

344

Denksport

1. Wie viel ist eineinhalb Drittel von hundert?

2. Welche Ziffer gehört nicht hierher? 5, 0, 8, 9, 1, 3, 2, 6.

3. Schreibe mit Ziffern: Einhundertelftausend elfhundert-elf.

4. Welche Quadratzahl ist um eins größer als eine Kubikzahl?

5. Ermittle zehn nicht notwendig voneinander verschiedene natürliche Zahlen, deren Summe gleich ihrem Produkt ist.

6. Suche Zusammenhänge zwischen den Zahlen 10, 25, 40.

7. Wie mischten die Römer 1009 in England?

8. Welche „Rollen" spielt Wurzel 3 in einem gleichseitigen Dreieck mit der Seitenlänge 2 cm?

9. 98765432 mal x. Für welchen Wert von x erhält man ein hübsches 9-stelliges Produkt?

10. abc + def = 567, abc ist die siebente Potenz einer natürlichen Zahl.

11. Welche zweistellige Quadratzahl besteht aus zwei Kubikziffern?

12. Schreibe 100 mit 5 gleichen Zahlen.

13. Zwischen die Ziffern 9 8 7 .... 1 sind vier Rechenzeichen so einzufügen, dass der Wert 1 entsteht.

14. Gibt es vierstellige Palindromzahlen, die prim sind?

15. Schreibe 100 mit vier Nullen, vier Fünfern und drei Rechenzeichen.

16. Berechne die Differenz zwischen null Komma fünf und null Komma zehn.

17. Schreibe die Jahreszahl des Wiener Kongresses als Produkt: aa mal bb.

18. Vergleiche 136 + 974 mit 631 + 479. Für welche weiteren dreistelligen Zahlen gilt entsprechendes?

Antworten

1. 50

2. 1 hat nur gerade Striche

3. 112111

4. 9 = 8 + 1, 1 = 0 + 1

5. 1, 1, 1, 1, 1, 1, 1, 1, 2, 10

6. 25 - 10 = 40 - 25, 10 = 40% von 25

7. MIX

8. Höhe = Wurzel 3 cm, Flächeninhalt = Wurzel 3 cm^2

9. $x = 9$, Produkt = 888888888

10. 128 + 439 = 567, alle Ziffern 1, 2, … 9

11. 81 = 9 hoch 2, 8 = 2 hoch 3, 1 = 1 hoch 3

12. 33 + 33 + 33 + 33:33 = 100

13. 98 − 76 − 54 + 32 + 1 = 1

14. Nein, alle abba sind durch 11 teilbar

15. 50 + 50 + 50 − 50 = 100

16. 0,5 − 0,10 = 0,4

17. 1815 = 33 × 55

18. 1110 = 1110, abc + def = cba + fed (Kehrzahlen),
    genau dann, wenn a + d = c + f.

Andrea Doria – Der Untergang – Heinrich Schneider

Die Andrea Doria war ein italienisches Passagierschiff, das 1951 vom Stapel lief. Mit 213 m Länge war es das größte und schnellste Schiff der italienischen Flotte jener Zeit.

Am Abend des 25. Juli 1956 befand sich das Schiff auf seiner 51. Fahrt mit 1.134 Passagieren und 572 Besatzungsmitgliedern an Bord vor der Küste von Nantucket auf Westkurs in Richtung New York. Der Zeitplan sah ein Einlaufen in den New Yorker Hafen für den nächsten Morgen vor. Zur gleichen Zeit befand sich das aus New York ausgelaufene schwedische Passagierschiff, die Stockholm, auf Ostkurs in Richtung Göteborg.

Die Gewässer des Nordatlantiks südlich von Nantucket sind häufig von Nebelbänken betroffen, so auch an diesem Abend. Bei der nur durch Radar geleiteten Annäherung der Schiffe mit einer Gesamtgeschwindigkeit von 40 Knoten interpretierten offenbar beide Seiten den Kurs des jeweils anderen Schiffes falsch.

Es gab keine Funksprüche zwischen den Schiffen. In den Minuten vor der Kollision änderte die Andrea Doria ihren Kurs langsam in Richtung Backbord, um die Stockholm auf der Steuerbordseite zu passieren, während diese ihren Kurs um 20 Grad nach Steuerbord änderte, um die Andrea Doria auf Backbord passieren zu lassen.

Hierdurch wichen beide Schiffe nach Süden aus und steuerten direkt aufeinander zu, anstatt den Abstand zu vergrößern. Um 23:10 Uhr kollidierten die Schiffe.

Bei der Kollision durchbrach der für Eisfahrten verstärkte Bug der Stockholm die Steuerbordseite der Andrea Doria mittig und schnitt drei Kabinendecks bis in eine Tiefe von etwa zwölf Metern auf. Die Kollision zerstörte viele besetzte Passagierkabinen und – in den tieferen Ebenen – einige wasserdichte Abteilungen. Unmittelbar nach der Kollision nahm die Andrea Doria schnell Wasser auf und bekam Schlagseite nach Steuerbord, die binnen Minuten bereits 18 Grad betrug. 46 Passagiere starben im Kollisionsbereich, der nahezu sofort vom Meerwasser geflutet wurde.

Binnen 30 Minuten nach der Kollision wurde entschieden, das Schiff zu evakuieren. In den ersten Stunden wurden viele der Überlebenden mit Rettungsbooten zur Stockholm transportiert. Anders als beim Unglück der Titanic 44 Jahre zuvor, befanden sich einige Schiffe in der Nähe, die auf den Notruf reagierten (Siehe auch S. 103 und S. 300).

Viele Passagiere wurden bei ihrer Ankunft in New York in Krankenhäuser eingeliefert. 11 Stunden nach der Kollision sank die Andrea Doria am 26. Juli um 10:09 Uhr.

Auf dem Schiff waren auch sechs österreichische Studenten, die ein Fulbright-Stipendium für ein Studienjahr in Amerika bekommen hatten. Sie alle überlebten. Zwei von ihnen waren Heinrich Schneider und Wilhelm Holzbauer (später einer der bekanntesten Architekten Österreichs).

Die beiden hatten sich gerade ins Bett gelegt, als ein gewaltiger Rumpler das Schiff erschütterte. „Ein Eisberg", denken sie, aber der Grund für die Erschütterung lässt sich nicht feststellen. Sie können sich über den Aufstieg zur 1. Klasse retten, erst später sehen sie, dass sich der Bug der Stockholm nur etwa zehn Meter von ihren Betten entfernt in die Andrea Doria gebohrt hat. Heinrich Schneider wird in einem Ruderboot zur „Île de France" transportiert.

Er hatte als einziger nach der Kollision an Bord Fotos gemacht, die anschließend das „Life Magazin" abdruckte.

Wer will, kann sie sich im Internet ansehen, wenn er bei google eingibt: Andrea Doria Heinrich Schneider.

Quellen und Dankadressen

Vieles in meinem (R. Kirchlechner) Teil des Buches stammt aus über Jahre gesammelten Unterlagen, das meiste ist inzwischen jedoch aus dem Internet. Die 300 Abbildungen in dem Buch sind Kopien von zum Teil mehr als hundert Jahre alten Stahlstichen, die 10 Fotos mit Personen sind aus meinem privaten Fotoalbum entnommen.

An dieser Stelle möchte ich mich bei allen bedanken, die zum Gelingen des Buches beigetragen haben. Dieser Dank gilt natürlich zuallererst meinem Koautor Dr. Heinrich Schneider, der eine unglaubliche Kreativität an den Tag legte, und nicht müde wird, immer wieder neue Weisheiten und Sprüche zu erfinden, und das auch noch in Fremdsprachen. Insbesondere seine nicht ganz ernst zu nehmenden Synonyme fordern sicherlich oft die grauen Zellen heraus.

Außerdem danke ich folgenden „Lieferanten":
Maria Streußer aus der Nähe von Aachen versorgt mich immer wieder mit Texten aus ihrer Sammlung. Auch meine langjährige Bergkameradin Lydia Winner vom Alpenverein Rosenheim sendet mir laufend Kuriositäten zu. Aus Wasserburg hat sich Max Dietrich gemeldet, und mir Schüttelreime und Gedichte zugeschickt.

Im Februar 2011 war ich mit Freunden beim Skifahren in den Dolomiten, und wir lernten in der Mittagspause auf einer Skihütte zwei Managerinnen aus Moskau kennen, Vera Mikhailova und Natalia Sherbakova. Von ihnen erhielt ich später per E-Mail russische Palindrome und Zungenbrecher.

Ganz besonders danke ich Prof. Dr. Hans Herold in Rott für viele Anregungen und Korrekturen. Und letztlich danke ich meinen beiden Söhnen Stephan und Dr. Thomas Kirchlechner für Korrekturen.

Vom Autor Richard Kirchlechner ebenfalls lieferbar:

Kunterbuntes – Wortspiele, Reime, Denksport
1. Auflage 2005, 210 Seiten, 9,80 €
ISBN 978-3-00-016079-5

Kuntersurium – Wortspiele und Skurriles
2. Auflage 2011, 350 Seiten, 230 Abbildungen, 9,90 €
ISBN 978-3-940546-01-2

Kuriosurium – Wortspiele und Skurriles
1. Auflage 2010, 318 Seiten, 250 Abbildungen, 9,90 €
ISBN 978-3-940546-02-9

Rott am Inn – Haus und Familiengeschichte
1. Auflage 2007, 350 Seiten, 185 historische Fotos, 11,90 €
ISBN 978-3-940546-00-5

Radln dama – Zwei Pedalritter auf Tour
1. Auflage 2012, 398 Seiten, 200 Fotos, 11,90 €
ISBN 978-3-940546-03-6

Richard Kirchlechner auf dem
Münchner Oktoberfest 2011